RECUEIL

DES EDITS, DE'CLARATIONS,

SENTENCES ET ARRESTS

CONCERNANT & en faveur de la Communauté des Maîtres & Marchands Gantiers-Poudriers-Parfumeurs de la Ville, Fauxbourgs & Banlieue de Paris.

REIMPRIME'S

Par les soins & du tems de JEAN-BAPTISTE CHARON, CHRISTOPHE-NICOLAS VILLOU, LOUIS AUBINEAU, JEAN TRUFFOT, Jurés Maîtres & Gardes en Charge ; & du Syndicat de LOUIS-ANTOINE DELA PORTE, suivant les Ordres de Monsieur *BERRYER*, Lieutenant Géneral de Police.

A PARIS,

De l'Imprimerie de la Veuve GROU, rue de la Huchette, au Soleil d'or.

M. DCC. XLVIII.

EXTRAIT DES REGISTRES

de Parlement.

ENTRE Pierre Rabuſſeau , Marchand Mercier , Maître Parfumeur demeurant à Paris , Demandeur & requerant l'enterinement d'une Requête afin d'être reçu oppofant à certaine faiſie fur lui faite d'un Gant de toile , d'une part ; & Michel Millot , Marguerin Hue , Charles de Pommers, & Jean Damas , Maîtres Jurés Gantiers en cette Ville , Demandeurs en ladite faiſie, d'autre. Vu par la Cour les Avertiſſemens , & Productions & Intimations faites à la Requête des Parties reſpectivement ; les Concluſions du Procureur Général du Roy, auquel de l'Ordonnance de ladite Cour le Procès a été communiqué ; & tout confideré, dit a été, que pour le regard de ladite faiſie, LA COUR a mis & met les Parties hors de Cour & de Procès, ſans dépens : & au ſurplus leur enjoint reſpectivement de garder les Ordonnances & Statuts de leur Etat & Métier ; & en ce faiſant, a fait & fait inhibition & défenſes audit Rabuſſeau , & autres Merciers , de coudre Gants, faire ne toucher à la couture d'iceux, fors en ce qui concerne & ſera néceſſaire pour enjoliver & enrichir leſdits Gants , & ſans qu'icelui Rabuſſeau ni autre puiſſe ajoûter enrichiſſement, ou enjolivement à aucuns Gants, qu'ils n'ayent prémierement été taillés par les Maîtres Gantiers, couſus & achevés par

A

lefdits Gantiers ou autres à leur aveu. Prononcé le quatre Avril mil cinq cent foixante - treize. Signé par collation,

Collationné à l'Original en parchemin, ce fait rendu par les Notaires du Roy en fon Châtelet de Paris, le   *mil fix cent foixante - huit.*

EXTRAIT DES REGISTRES DU PARLEMENT.

ENTRE les Maîtres & Gardes de la Marchandife de Mercerie, Groflerie & Joüaillerie de cette Ville de Paris, Appellans de la Sentence donnée par le Prévôt de Paris ou fon Lieutenant, le dernier jour de Mai 1578. d'une part ; & les Maîtres Gantiers de ladite Ville, & la Communauté dudit Métier jointe avec eux , Intimés, d'autre.

VU par la Cour ladite Sentence , par laquelle auroit été ordonné que chacun Mercier ne pourroit à l'avenir avoir en fon Ouvroir & Boutique plus de quatre paires de Gants pendans & accouplés en étalage , & trois piles fur l'Ouvroir avec Mercerie mêlée, lefquelles piles ne pourront être que d'une douzaine de paires de Gants , chacune avec Mercerie mêlée. Défenfes aufdits Merciers d'avoir aucuns ferremens & outils fervant au Métier de Gantiers , à peine de confifcation & d'amende arbitraire. Arrêt du 9 Mars 1579. par lequel, fur l'Appel de ladite Sentence , les Parties auroient été appointées au Confeil, & ordonné qu'auparavant y faire droit , ladite Cour verroit les Arrêts donnés entre les Merciers & Gantiers , iceux Arrêts donnés entre les y dénommés le premier Sepembre 1565. 16 Décembre 1572, 4 Avril 1573, 27 Novembre 1577. & 14 Février 1578. Arrêt du 17 Septembre 1592. entre lefdits Gantiers , Demandeurs en faifie & exécution & à l'enterinement de deux Requêtes par eux préfentées à ladite Cour le 23 Juin & 2 Septembre audit an , & Défendeurs à l'enterinement d'autre Requête du 12 dudit Juin , d'une part ; & Jean Gomont & Pierre Pezé , Maîtres Merciers à Paris , & lefdits Maîtres & Gardes de la Marchandife de Mercerie joints avec eux, Défendeurs , & Demandeurs à l'enterinement de ladite Requête, d'autre ; par lefquels ladite Cour auroit évoqué à elle les Inftances pendantes, tant pardevant le Prévôt de Paris , ou fondit Lieutenant , & pardevant le Bailli du Palais , entre lefdits Maîtres Jurés Gantiers , Demandeurs en faifie , & Défendeurs , d'une part ; & lefdits Gomont & Pezé ,

Défendeurs & Demandeurs en main-levée, d'autre ; sur lesquelles Instances les Parties auroient été appointées en droit à écrire par Avertissement, produire, bailler, contredits, salvations ; lesditesRequêtes des 1 2 & 2 3 Juin, & 2 Septemb. Exploit du 9 Juin 1 5 9 2. contenant la saisie faite à la Requête desdits Gantiers sur ledit Gomont ; productions & Contredits desdites Parties, suivant ledit Arrêt, lesquelles auroient lesdites Parties respectivement emp'oyés pour productions sur ledit appointé au Conseil. Arrêt du 3 May 1 5 9 3. & lesdits Jurés Gantiers Appellans de la Sentence donnée par ledit Bailli du Palais, ou son Lieutenant, le 1 3 Octobre 1 5 8 3. d'une part ; lesdits Gomont, Pezé, & lesdits Maîtres & Gardes de la Marchandise de Mercerie joints avec eux, Intimés, d'autre part : lequel sur ledit Appel les Parties auroient été appointées au Conseil, & ordonné que lesdits Appellans bailleroient leurs causes d'Appel, lesdits Intimés leurs Réponses, produiroient les Parties, & ledit Appointé au Conseil joint ausdites Instances, sans préjudice des prétendues fins de non-recevoir desdits Intimés, & défenses desdits Appellans, sur lesquelles seroient préalablement fait droit, après que lesdites Parties auroient respectivement employé pour leursdites causes d'Appel, & produit sur ledit Appel au Conseil & fins de non-recevoir, ce qu'elles auroient écrit & produit esdites Instances ; ladite Sentence donnée par ledit Bailli du Palais, ou sondit Lieutenant, le 1 3 Octobre 1 5 8 3. de laquelle a été appellé. Arrêt du 8 Mars 1 5 9 3 entre lesdits Maîtres Jurés Gantiers, Appellans de la Sentence donnée par ledit Bailli du Palais, ou sondit Lieutenant, le 1 5 Février audit an, en ce qu'elle faisoit contr'eux, & anticipée, d'une part ; Pierre Bellissant, Marchand Mercier, anticipant, d'autre ; par laquelle, sur ledit Appel, les Parties auroient été appointées au Conseil, ordonné que lesdits Appellans bailleroient leurs causes d'Appel, & ledit anticipant ses réponses ; produiroient icelles Parties, & ledit appointé au Conseil joint ausdites Instances. Ladite Sentence du 1 5 Février, par laquelle main-levée auroit été faite audit Bellissant de la paire de Gants sur lui saisie, pour être par lui baillée à un Maître de cette Ville de Paris, tel que bon lui sembleroit, pour être recousue, & jusqu'à ce, défenses de les exposer en vente, & au surplus les Parties mises hors de Cour & de Procès, sans dépens, dommages & interêts. Arrêt du 2 Avril dernier, entre lesdits Maîtres Gardes de la Mercerie joints avec lesdits Gomont & Pezé, Appellans de l'octroy des Lettres patentes du mois de Septembre 1 5 9 2. confirmatives des Statuts du 2 7 Juillet audit an ; vérification d'icelles faite par ledit Prévôt de Paris ou son Lieutenant, le 1 7 Novembre 1 5 9 3. & en tout ce qui s'en étoit ensuivi, selon le contenu des Lettres

Royaux en forme de relief d'Appel , obtenuës le 16 Mars dernier ; d'une part ; & lesdits Maîtres Jurés Gantiers, & la Communauté des Maîtres dudit Métier joints, Intimés, d'autre ; par lequel, sur ledit Appel , lesdites Parties auroient été appointées au Conseil, ordonné que les Appellans bailleroient leurs causes d'Appel , & les Intimés leurs défenses ; produiroient lesdites Parties aux fins dudit Appel seulement , & ledit appointé au Conseil joint ausdites Instances & Acte , que lesdites Parties pour causes d'Appel & défenses auroient employé ce qui auroit été écrit & produit esdits Statuts, Lettres patentes & vérification des I , XIX , XX , XXII , XXVIII , XXX , XXXI , & XXXII. Articles desdits Statuts , de laquelle vérification a été appellé. Arrêt du 25 Mai dernier, entre lesdits Maîtres Jurés Gantiers Appellans de la Sentence donnée par ledit Bailli du Palais, ou son Lieutenant , le premier Juin 1593. d'une part ; & André Bouteville Marchand Mercier, Intimé, d'autre ; par lequel, sur ledit Appel , lesdites Parties auroient été appointées au Conseil, ordonné que lesdits Appellans bailleroient leurs causes d'Appel, & ledit Intimé ses défenses ; produiroient lesdites Parties, & sur lesdites Lettres appointées en droit à écrire par avertissement & produire ; joint les prétenduës fins de non-recevoir & défenses à icelle, & sur lesquelles écriroient par leurs mêmes Griefs & Réponses, & plus sur icelle préalablement fait droit, & lesdits appointés au Conseil & Instances , lesdites Lettres du 9 Mars pour procéder au Jugement de l'Appel interjetté par ledit Belissant, sans avoir égard au consentement par lui prêté, mentionné ausdites Lettres ; productions desdits Maîtres Jurés Gantiers , & dudit Belissant sur lesdits appointés au Conseil des 12 Avril & 25 Mars derniers ; forclusions de produire par ledit Bouteville. Requête présentée à ladite Cour par lesdits Maîtres & Gardes de la Marchandise de Mercerie, le 15 Mai 1593. tendante afin que défenses fussent faites ausdits Gantiers d'entreprendre sur l'Etat desdits Merciers, & ne vendre aucunes choses que des Gants faits & parfaits de leurs mains, sans qu'ils les puissent enrichir de broderie, soye, or & argent, ou autrement, ni vendre Poudre de Violette, de Chipre, Pommades, Musc, Ambre, Civette, ni acheter & vendre Gants de Vendôme, de Lyon, de Rome, d'Espagne, & autres lieux, ni d'autres Marchandises dépendantes dudit Etat de Marchand Mercier ; & à cette fin qu'ils eussent droit de visitation sur lesdits Gantiers, ladite Requête communiquée ausdits Gantiers & mise au sac par Ordonnance de ladite Cour. Requête présentée à icelle Cour par lesdits Merciers le 11 Juillet audit an ; Conclusions du Procureur Général du Roi, & ce par lesdites Parties a été mis & produit pardevers ladite Cour ; & tout consideré, DIT a été que ladite Cour faifant droit fur le tout, fans s'arrêter aufdites fins de non-recevoir , & Requête du 11 Juillet 1593. a ordonné & ordonne que lefdits appointés au Confeil, & Inftances demeureront joints, & y faifant droit pour le regard de l'Appel inter- jetté de ladite Sentence du dernier Mai 1578. a mis & met ladite Appellation au néant, fans amende & dépens de la caufe d'Appel : ordonné néanmoins que ladite Sentence fortira fon plein & entier effet ; & en tant que touche l'Appel interjetté de l'octroy defd. Lettres du mois de Septemb. 1582. conforme à celle defdits Maîtres & Jurés Gantiers, & vérification d'icelles faite par ledit Prevôt de Paris, ou fon Lieutenant, le 17 Septembre 1583. a mis &met lefdites Appel- lations & ce dont a été appellé au néant , & fans dépens defdites caufes d'Appel, en ce que ledit Prevôt ou fon Lieutenant auroit homologué & vérifié les I, XX, XXII, & XXXII. Articles defdits Statuts, fans s'arrêter à ladite Requête du 15 Mai 1593. a fait & fait inhibi- tions & défenfes aufdits Merciers & Gantiers de fe dire & nommer Parfumeurs ; pourront neanmoins lefdits Merciers & Gantiers parfu- mer, laver, parer, enjoliver leurs Marchandifes, fans que lefdits Gantiers puiffent vendre ni débiter féparément, parfums ni autres fenteurs que ceux qu'ils auront fait & compofé feulement, lefquels Gantiers pourront avoir toutes fortes de cuirs pour faire leurs ouvra- ges, fans qu'il leur foit loifible de vifiter lefdits Merciers, fauf à iceux Gantiers fe pourvoir par faifies, & autres voyes dües & raifonnables, pour les contraventions à leurs Statuts, Réglemens, Sentences & Arrêts, ainfi qu'ils verront être à faire : pourront toutefois lefdits Gantiers vifiter les Marchandifes de Gants & autres de leur Métier, qui feront apportés par les Marchands Forains, aux frais & dépens defdits Forains. A ordonné & ordonne que le furplus defdits Statuts fera gardé & obfervé ; & quant aux Appellations interjettées defdites Sentences des 13 Octobre 1583. 15 Février & premier Juin 1593. faifies & exécutions y mentionnées, a mis & met lefdites Appellations & Sentences au néant , fans amende & en émendant icelles, fans avoir égard aufdites Lettres du 29 Mars, a déclaré & déclare lefdites faifies & exécutions, enfemble les exécutions faites fur ledit Gomont & Pezé bonnes & valables, & les bâtons & forces faifis fur lefdits Note & Pezé, douze paires de Gants, faifant partie de feize, faifis fur ledit Gomont, & deux paires de Gants découfus, faifis fur lefdits Beliffant & Bouteville, acquis & confifqués au Roy : a fait & fait inhibitions & défenfes aufdits Merciers de tailler, coudre ni recoudre aucuns Gants, ni faire aucune manufacture du Métier de Gantiers, ni étaler fur les perches qu'ils auront au haut de leur Boutiques, Echopes &

Ouvroirs, plus de quatre paires de Gants accouplés, & à leurs établis en étalage plus de trois piles, en chacuue desquelles n'y aura qu'une douzaine de paire de Gants, avec Marchandise de Mercerie mêlée entre lesdites trois piles, sans que lesdits Merciers puissent avoir bâtons, retournois, forces, ni autres outils propres à faire Gants & autres ouvrages dudit Métier de Gantiers, pour en faire ouvrage & manufacture, sans dépens. Prononcé le 26 Novembre 1594. *Signé*, GUYET. Collation.

EXTRAIT DES REGISTRES DE PARLEMENT.

ENTRE les Maîtres Jurés Gantiers de cette Ville de Paris, Demandeurs en exécution d'Arrêt, & Demandeurs en Requête d'opposition du 23 Juin, d'une part ; & les Maîtres Gardes de leurs Marchandises, Merciers, Grossiers, Jouailliers, Défendeurs, d'une part, sans que les qualités puissent nuire ni préjudicier aux Parties : après que Doujart Avocat pour les Demandeurs, & Germain pour les Défendeurs, ont été d'accords au Conseil, & oüis sur l'exécution que Doujart cependant a requis des Arrêt ; LA COUR, sur l'opposition formée aux Lettres obtenuës par les Parties de Germain, appointe les Parties à produire dans huitaine ; & cependant ordonne que les Arrêts de Réglement seront gardés & observés, défenses d'y contrevenir. Fait en Parlement, le 13 de Juillet 1613. Collationné. *Signé*, GUYET. J. GAUST.

Collationné à l'Original en parchemin, ce fait rendu par les Notaires du Roy en son Châtelet de Paris, le mil six cent soixante-huit.

EXTRAIT DES REGISTRES DE PARLEMENT.

COmme de certaine Sentence donnée par notre Prevôt de Paris, ou son Lieutenant, le 6 Septembre 1625. entre les Maîtres Jurés Gantiers de notredite Ville, Demandeurs, d'une part ; & Michel Regnault, François le Noir, Guy le Brun, Noel Pasquier, Henry Bonnet, Jean Houdier, Louis Mettra, Laurent Bourgeois, & Claude du Vigneau, l'un des Messagers de Vendôme, Défendeurs, d'autre part : & encore François Conteux, Jean Defpreau, & Jean Servais, Maîtres & anciens Bacheliers dudit Métier de Ganterie, Demandeurs, d'une part ; & lefdits Jurés Michel Regnault & Conforts, Défendeurs, d'autre ; par laquelle notredit Prévôt, ou fon Lieutenant, auroit ordonné que toutes Marchandifes Foraines dépendantes du Métier de Gantiers, qui feroient amenées ou envoyées en cette Ville par les Marchands Forains, pour les débiter & vendre, même celles qui feroient envoyées par lefdits Forains par la voye des Meffagers ou autres, avec adreffe d'icelles aux Maîtres Gantiers de notredite Ville de Paris, fans leur Mandement précédent, feroient portées à la Chambre de la Communauté, pour y être vues, vifitées & loties à la maniere accoûtumée ; les Jurés payés du droit de vifitation, fuivant l'Ordonnance, & la défectueufe confifquée, moitié à nous, moitié aux Jurés : & pour le regard des Marchandifes que les Maîtres Gantiers de Paris commanderoient de faire aux Maîtres de la Ville de Vendôme, & qui feroient envoyées à Paris par la voye du Meffager, ordonne que lefdits Maîtres Gantiers de Paris pourroient faire venir de ladite Ville de Vendôme, par les Meffagers d'icelle, ou autres, fur leurs Mandemens & Miffives, telle quantité de Marchandife qu'il leur plairoit, à leurs rifques, périls & fortunes, laquelle feroit vue & vifitée par lefdits Jurés, fans aucuns frais, & fans qu'icelle Marchandife fut fujette à aucun lotiffement entre les autres Maîtres dudit métier ; fait main levée pure & fimple aufdits Regnault, le Noir, le Brun, Bafquier, Bonnet, Houdrier, Meftra & Bourgeois, des Marchandifes fur eux faifies, fans dommages & interêts : & fur les autres demandes defdits Jurés contre ledit Vignault & lefdits Regnault & Conforts, enfemble fur la demande defdits Conteux, Defpreau Gervais, a mis les Parties hors de Cour & de Procès, fans dépens. Eut été de la part defdits Maîtres Jurés appellé à notre Cour de Parlement, en laquelle les Parties ouies en leurs caufes d'Appel, & le Procès par écrit conclu & reçu pour juger entre lefdits Jurés, Appellans, d'une part ; & lefdits Regnault & Conforts, & du Vignault, Intimés, d'autre : fi bien ou mal auroit été appellé, joint les griefs hors le Procès, prétendus moyens defdites nullités, & productions nouvelles defdits Appellans, qu'ils pourroient bailler dans le tems de l'O donnance, aufquels griefs & prétendus moyens defdites nullités, les Intimés pourroient répondre, & contre ladite production nouvelle bailler contredits aux dépens des Appellans ; icelui procès, griefs, réponfes à iceux, déclarations defdits Appellans ; que pour production nouvelle ils employoient ledit Procès ; production nouvelle defdits Intimés, contredits defdits Appellans. Arrêt du 12 May 1626.

par lequel, fur l'appellation verbale par lefdits Appellans, interjettée
à l'encontre defdits Regnault & Conforts, d'autre Sentence nonobftant l'Appel du 25 Octobre 1625. & de tout ce qui s'en feroit
enfuivi, les Parties auroient été appointées au Confeil ; bailleroient
lefdits Appellans leurs caufes d'Appel dans trois jours, les Intimés
leurs réponfes, trois jours après produiroient lefdites Parties dans
lefdits trois jours enfuivans ; déclarations des Appellans, que pour
caufes d'Appel ils employoient leurs griefs ; productions defdites
Parties fur ladite appellation verbale. Autre Arrêt du 26 Mars dernier, entre lefdits Conteux, Defpreau & Gervais, Appellans de ladite
Sentence du 6 Septembre & mandeurs à l'enterinement d'une Requête,
du 18 Mars dernier, tendante à ce que lefdits Jurés, Regnault &
Conforts, fuffent condamnés à leur payer leur falaire & vacation de la
vifitation par eux faite, de fix cent vingt-fept groffes, & neuf douzaines de Gants, à raifon de douze fols pour groffe, ou un écu pour
journée & frais de Juftice, d'une part ; & lefdits Jurés, Regnault &
Conforts, Intimés & Défendeurs, d'autre part ; par lequel fur ledit
appel lefdites Parties auroient été appointées au Confeil, bailleroient
les Appellans leurs caufes d'appel dans trois jours, les Intimés leurs
réponfes, dans le tems de l'Ordonnance, produiroient lefdites Parties, tant fur ledit appel, que Requête, dans trois jours enfuivans,
& Acte aufdits Appellans & Jurés, que pour caufes d'appel & productions ils employent ledit Procès, joint les fins de non-recevoir
defdits Regnault & Conforts, qui étoient que par une autre Sentence
il auroit été ordonné que lefdits Appellans ne pourroient prétendre
aucuns falaires, & défenfes au contraire ; production defdits Regnault
& Conforts, fuivant ledit Arrêt, forclufion de fournir défenfes aufdites fins de non-recevoir. Vû & diligemment examiné, NOTREDITE
COUR, par fon Jugement & Arrêt, fans s'arrêter aufdites fins de non-
recevoir, en tant que touche l'appellation verbale interjettée par lefdits Jurés, a mis & met les Parties hors de Cour & de Procès, fans
dépens ; & faifant droit fur les Appellations interjettées de la Sentence
du Procès par écrit, a mis & met les Appellations & Sentence, de
laquelle a été appellé, au néant, fans amende, en ce que notredit
Prevôt, ou fon Lieutenant, a ordonné que les Marchandifes que les
Maîtres Gantiers auroient envoyé querir à Vendôme fur leur Mandemens & Miffives, à leurs rifques, perils & fortunes, feroient vifitées par les Jurés, fans frais & fans lotiffement ; & fur ces demandes
contre ledit Vignault, defdits Conteux, Defpreau & Gervais, contre
lefdits Regnault & Conforts, a mis les Parties hors de Cour & de
Procès, en émendant & corrigeant ladite Sentence, quant à ce, a
ordonné

ordonné & ordonne les X X V I I. & X X V I I I. Articles des Statuts defdits Gantiers, produits au Procès, feront gardés & obfervés ; & ce faifant, que les Marchandifes apportées de Vendôme par
les Meffagers & Marchands Forains, même celles qui en feront apportées fur les Mandemens & Miffives des Maîtres Gantiers, ne pourront
être vendues ni délivrées à aucuns Maîtres Gantiers, que premierement elles n'ayent été portées en la Chambre de la Communauté,
pour être vûes & vifitées par les Jurés dudit Métier, & le droit de
vifitation payé à raifon de fix deniers pour douzaine de paires deGants,
pour après ladite vifitation être lefdites Marchandifes loties fuivant
lefdits Statuts : fait défenfes aufdits Vignault & autres Meffagers de
délivrer lefdites Marchandifes, que premierement ils ne les ayent
portées à ladite Chambre, & fait apparoir de leurs Lettres d'envoy ;
& ayant aucunement égard à ladite Requête du 1 8 Mars, a condamné
& condamne lefdits Regnault & Conforts, à payer aufdits Conteux,
Defpreau & Gervais, le droit de vifitation à ladite raifon de fix deniers.
pour douzaine, & ce pour la Marchandife par eux vue & vifitée :
ladite Sentence au réfidu fortiffant fon plein & entier effet, fans
dépens. Prononcé le 3 1 Juillet 1 6 2 7.

Collation faite.

Regiftré,

cinquante-cinq.

dix fols dix deniers,

LEVESQUE.

EXTRAIT DES REGISTRES DE PARLEMENT.

LOUIS, PAR LA GRACE DE DIEU, ROY DE FRANCE ET DE
NAVARRE : Au premier des Huiffiers de notre Cour de Parle-
ment, ou autre ; SALUT. Comme de ce jour & date des Préfentes,
comparus en notredite Cour Antoine Gaudart, Claude Lorphevre,
Jean Godefroy & Nicolas Davane, Maîtres Gantiers, ci-devant Jurés
dudit Métier, Demandeurs en exécution d'Arrêt du dernier Juillet
1 6 2 7. fuivant le contenu en deux Requêtes par eux préfentées le 1 5
Juin 1 6 2 8 & 2 8 Avril 1 6 2 9. d'une part ; & Julien Robin, Jean
Delaunay, Henry Bonne & Pierre Dauvergne, Maîtres Jurés dudit
Métier, Défendeurs, d'autre, ou les Procureurs defdites Parties ;

B

& vu par notredite Cour lesdites Requêtes , la premiere tendante à ce que les Demandeurs fuſſent payés & rembourſés de tous les frais & dépens par eux faits & ſupportés en la pourſuite du Procès ci-devant pendant tant au Châtelet qu'en notredite Cour , jugé par ledit Arrêt , & de leurs ſalaires & vacations par eux faits en ladite pourſuite , ſuivant la taxe qui en ſeroit faite , & ce des deniers qui étoient ou devoient être ès mains deſdits Défendeurs Jurés , ou des Maîtres de la Confrairie du Métier , appartenans à ladite Communauté ; & en cas qu'ils n'euſſent des deniers pour ce faire , ce qui en défaudroit ſeroit pris ſur le corps de ladite Communauté , le fort portant le foible , à la diligence deſdits Jurés : la deuxiéme , à ce que ſans s'arrêter au Contrat en forme de Tranſaction , paſſé entre leſdits Défendeurs & autres Maîtres particuliers , le 27 Mars 1629. leſdits Statuts & Arrêts, lequel ſeroit caſſé comme illicite & contraire aux Statuts & Arrêts, fuſſent exécutés ; & ce faiſant , tous les Gants que les Maîtres auroient mandés & fait venir, fuſſent lotis en la maniere accoutumée, ſans que ceux qui les auroient fait venir en puſſent retenir aucune quantité outre leur lot ; & défenſes au Défendeurs , & autres Jurés qui ſeroient ci-après, de prendre leur droit de viſite en eſpece de Gants, ains en argent , à raiſon de ſix deniers pour chacune douzaine de paires , conformément aux Statuts dudit Métier , & auſdits Arrêts du dernier Juillet : & que dorénavant leſdits Jurés ayant viſité leſdits Gants en la Chambre de la Communauté, fuſſent tenus de marquer ceux qui ſeroient trouvés bons, afin d'éviter la fraude qu'ils pourroient commettre ; & que leſdits Maîtres ou aucuns d'iceux allant à la Chambre ne puſſent être forcés de prendre , ſinon des eſpeces de Gants dont ils auroient beſoin , ni plus grande quantité qu'il ne leur en fallut. Que lorſqu'il ſeroit arrivé quelque Marchandiſe en ladite Chambre, leſdits Jurés fuſſent tenus faire avertir les Demandeurs , pour en prendre leur lot, ſi bon leur ſembloit, ſuivant leſdits Statuts & Arrêts, le tout aux peines portées par iceux & autres arbitraires , même de tous dépens, dommages & interêts , & à eux permis d'informer des contraventions. Procès-verbal du Conſeiller à ce commis, du 27 Août & autres jours ſuivans 1630. par lequel il auroit appointé leſdites Parties à mettre tout ce que bon leur ſembleroit ; productions deſdites Parties, contredits reſpectivement fournis, ſuivant l'Arrêt du 26 Janvier 1631. Tout conſideré, NOTREDITE COUR, faiſant droit ſur ces deux Requêtes, a condamné & condamne les Défendeurs à rembourſer & payer aux Demandeurs les frais & vacations par eux faits en la pourſuite du Procès, jugé par ledit Arrêt du dernier Juillet 1627. ſuivant la taxe qui en ſera faite , ſi mieux n'aiment lefdits Défendeurs leur payer la fomme de fix cent livres tournois; ce qu'ils feront tenus opter dans huitaine après la fignification du préfent Arrêt faite à perfonne ou domicile de leur Procureur, autrement déchûs : & fera leur rembourfement pris fur les deniers appartenans au corps dudit Métier, fi aucuns deniers fe trouvent ès mains des Jurés ou autres; & en cas qu'ils n'ayent aucuns deniers, fera pris & levé fur les particuliers Maîtres dudit Métier, à la diligence defdits Jurés, le fort portant le foible, la part defdits Demandeurs confufe; & fans avoir égard à la Tranfaction du 27 Mars 1629. a ordonné & ordonne que les Statuts dudit Métier, & les Arrêts donnés fur iceux, feront exécutés felon leur forme & teneur, fur les peines y portées: ce faifant, que les Gants que les Maîtres auront mandé faire venir, feront portés en la Chambre de la Communauté, & lotis en la maniere accoûtumée, fans qu'ils en puiffent retenir aucune quantité outre leur lot : fait défenfes aux Jurés de prendre leur droit de vifite en efpeces de Gants, ains en argent, à raifon de fix deniers pour chacune douzaine de paires; & lorfqu'il arrivera extraordinairement quelque Marchandife en lad. Chambre, font lefd. Jurés tenus de faire avertir tous les Maîtres par le Clerc du Métier, pour en prendre leur lot, fi bon leur femble; & ne pourront lefd. Maîtres être contraints prendre autres efpeces de Gants, ni en plus grande quantité, que celle dont ils auront befoin; & fur la demande pour la marque des Gants, a mis & met les Parties hors de Cour & de Procès, fans dépens. Si te mandons, qu'à la requête defdits Demandeurs, tu mette le préfent Arrêt à exécution : de ce faire te donnons pouvoir & commiffion. Donne' à Paris en notre Parlement, le 6 Septembre 1636. & de notre Regne le 27.

Collationné à l'Original en parchemin, ce fait rendu par les Notaires du Roy, en fon Châtelet de Paris, le mil fix cent foixante-huit.

SENTENCE DE M. LE LIEUTENANT CIVIL.

A Tous ceux qui ces préfentes Lettres verront; Pierre Seguier, Chevalier, Marquis de Saint-Briffon, Seigneur de Ruaux & Saint-Firmin, des grand & petit Rancy, Leftang-la-Ville, & autres lieux, Confeiller du Roy en fes Confeils, Gentilhomme ordinaire de fa

Chambre, & Garde de la Prévôté & Vicomté de Paris : S A L U T. Sçavoir faifons, que fur la Requète faite en jugement devant nous en la Chambre Civile du Châtelet de Paris, par Maître Camus, Procureur de la Communauté des Maîtres Gantiers-Parfumeurs à Paris, Demandeurs aux fins de l'exploit de faifie faite à leur Requète, par Granger, Sergent, en la préfence du Commiffaire Manchon, affifté de Maître   Maurice leur Avocat, contre Maître Nicolas de Longueil, Procureur de Pierre Leliœvre, Lebray, Meftayer & Quenot Défendeurs, & même Procureur des Maîtres & Gardes de la Marchandife de Mercerie, intervenant. Parties oüies, vu l'Arrêt de la Cour, donné entre lefdits Maîtres & Gardes de la Marchandife de Mercerie, & lefdits Jurés Gantiers, daté du 26 Novembre 1594. les Statuts defdits Jurés Gantiers vérifiés en Parlement le 23 Mai 1556 ; ledit Exploit de faifie fufdaté, l'avis par défaut du Procureur du Roy, du 29 Octobre ; la Requête du 9 Novembre, tendante afin de confirmation dudit avis. Nous avons aufdits Leliœvre, Lebray, Meftayer & Quenot, fait & faifons mainlevée de ladite faifie, ordonné que ledit Arrêt de la Cour du 26 Novembre 1694, fera exécuté ; & neanmoins condamnons lefdits Leliœvre, Lebray, Meftayer & Quenot aux dépens. En témoin de ce Nous avons fait fceller ces Préfentes. Ce fut fait & donné par Meffire Dreux d'Aubray, Confeiller d'Etat, & Lieutenant Civil de ladite Prévôté, tenant le Siége le Mercredy 26 Juillet 1662. Collationné.

A TOUS ceux qui ces préfentes Lettres verront ; Pierre Seguier, Chevalier, Marquis de Saint-Briffon, Seigneur des Ruaux & de Saint Firmin, des grand & petit Rancy, & l'Etang-la-Ville, Confeiller du Roy en fes Confeils, Gentilhomme ordinaire de fa Chambre, & Garde de la Prévôté & Vicomté de Paris, Salut. Sçavoir faifons, que fur la Requête faite en Jugement devant nous en la Chambre Civile du Châtelet de Paris, par Maître Camus, Procureur des Jurés de la Communauté des Maîtres Gantiers-Parfumeurs à Paris, Demandeurs en confirmation de l'avis du Procureur du Roy du 21 Novembre, felon l'Exploit du 23 contre Me Nicolas de Longueil, Procureur de Jean Ferret, Marchand Mercier à Paris, Défendeur. Parties ouies, nous avons ledit avis du Procureur du Roy fufdaté confirmé, & fuivant icelui avons la faifie faite fur lefdits Défendeurs, de deux douzaines d'étavillons de cuir de chevre paffé en huile, coupés pour faire des Gants, avec une paire de forces trouvée dans la maifon d'un Compagnon , le tout dans la Boutique dudit Défendeur , par Exploit du 16 Novembre , déclarée bonne & valable , les Gants taillés & les forces faifis & confifqués au profit defdits Jurés , & main-levée du furplus des peaux de chevre faifies , fans tirer à confequence. Faifons défenfes audit Défendeur d'entreprendre fur le Métier defdits Gantiers , faire , ni faire faire des Gants dans fa Boutique , à peine de confifcation & d'amende arbitraire ; & pour l'entreprife par lui commife , le condamnons en huit livres Parifis d'amende , & aux dépens ; ce qui fera exécuté nonobftant oppofitions ou appellations quelconques , & fans préjudice d'icelles. En témoin de ce nous avons fait fceller ces Préfentes. Ce fut fait & donné par Meffire Dreux d'Aubray , Confeiller d'Etat , & Lieutenant Civil , tenant le Siége le Mardy vingt-fix Janvier 1664. *Signé*, LUCE, & fcellé.

Collation faite en l'Original en parchemin , par moi Notaire fouffigné ,
le   jour d'Avril 1665.

EXTRAIT DES REGISTRES DE PARLEMENT.

VU par la Chambre des Vacations la Requête à elle préfentée le 9 Août dernier , par les Jurés Gantiers-Parfumeurs de Paris , Demandeurs contre les Maîtres & Gardes du Corps des Marchands Merciers , Joüailliers & Groffiers de la Ville de Paris , Défendeurs , à ce que les Demandeurs fuffent reçus oppofans à l'exécution de l'Arrêt du 8 Février 1666. faifant droit fur ladite oppofition , ordonne que l'Arrêt du 16 Novembre 1594. & autres , rendus en conféquence , feroient exécutés , & que les défenfes feroient levées & ôtées , fur laquelle Requête auroit été ordonné que les Parties parleroient fommairement à Maître Pierre Pithou , Confeiller. Défenfes , répliques , dupliques , appointement à mettre , production des Parties , conclufion du Procureur Général du Roy. Oüi le Rapport dudit Confeiller , & tout confideré : la Chambre a reçu & reçoit les Demandeurs oppofans à l'exécution dudit Arrêt du 8 Février dernier : faifant droit fur ladite oppofition , leve les défenfes portées par icelui , & ordonne que fuivant l'Arrêt du 16 Novembre 1594. il fera permis aufdits Demandeurs de fe pourvoir par faifies & autres voies dûes & raifonnables contre les Défendeurs , qui travailleront & feront travailler par les Garçons & Compagnons , à tailler & coudre des Gants ; condamne lefdits Défendeurs aux dépens , liquidés à huit livres parifis. Fait en Vacation le 16 Septembre 1666. Signé par Collation.

Collationné à l'Original en Parchemin, ce fait rendu par les Notaires du Roy au Châtelet de Paris, fouffignés le 1668

SENTENCE DE M. LE LIEUTENANT CIVIL.

A Tous ceux qui ces préfentes Lettres verront ; Pierre Seguier, Chevalier, Marquis de Saint-Briffon, Seigneur de Ruaux & Saint Firmin, des grand & petit Rancy, Leftang-la-Ville, & autres lieux, Prévôt de Paris ; Salut. Sçavoir faifons, que fur la Requête faite en jugement devant nous en la Chambre Civile du Châtelet de Paris, que Maître Jacques Robinet, Procureur de Jacques Hardret, Joachim Duply, Philippe Larbur, Paul André, André Maheure, Jacques Halo, François Lemaire, Guillaume Baudouin, Jean Delaporte, Pierre Godefroy, Jean Durif, Zacharie Paulets, Jacques Leroy, Laurent Debreft, Philippe Penet, François Mandoffe, Jean Deleftre, Jean Thibaudeau, Guillaume Boulet, Pantaleon Boivin, Claude Danjean, Martin Daftre, Antoine Deftre, Michel Mettayer, Jean Boulonois, Roch Lagneau, Jacques Jean, Jean Grandin & Conforts, tous Maîtres Gantiers à Paris, Demandeurs aux fins des Requêtes à nous préfentées les 24 & 29 Juillet dernier, à l'encontre de Maître Jean Camus, Procureur des Jurés de la Communauté dudit Métier, Défendeurs ; après qu'il nous eft apparu des Ordonnances de ladite Communauté vérifiées en Parlement le 23 May 1656. de l'Arrêt de ladite Cour de Parlement, rendu entre lefdits Jurés lors en charge, d'une part ; & Muffet, Regnault, François le Noir, Guy le Brun & Conforts, auffi Maîtres Gantiers, le 11 Juillet 1627. par lequel eft ordonné que les vingt-fept & vingt-huit Articles des Statuts & Ordonnances defdits Gantiers feront gardés & obfervés ; ce faifant, que les Marchandifes apportées, tant par les Meffagers de Vendôme, Marchands forains, même celles qui feront apportées en cette Ville fur les Mandemens & Miffives des Maîtres Gantiers, ne pourront être vendues ni délivrées à aucuns Maîtres Gantiers, que premierement elles n'ayent été portées en la Chambre de la Communauté, pour être vûës & vifitées par les Jurés dudit Métier, & le droit de vifitation payé à raifon de fix deniers par douzaine de paiies de Gants, pour après ladite vifitation être lefdites Marchandifes,

loties entre tous lesdits Marchands , suivant lesdits Statuts, avec
défenses à toutes personnes de délivrer aucune Marchandise, qu'elle
n'ait été portée en ladite Chambre , en faire apparoir leurs Lettres
d'envoi, ou mandement ; de l'avis rendu par le Procureur du Roy
de la Cour de céans, le 4 Août dernier, portant que la Communauté
seroit assemblée , aux fins d'être élus quatre petits Jurés en ladite
Communauté à l'instar des autres Communautés ; de l'Acte d'assemblée , & le lendemain 5 Août autre avis dudit mois, portant qu'il sera
élû quatre petits Jurés à l'instar des autres Communautés , du ren-
voy requis par lesdits Jurés Gantiers dudit avis, portant qu'il sera
procedé à l'élection de quatre petits Jurés. Défenses, moyen de notre
Sentence du 21 Août dernier, rendue sur le renvoi requis par les
Jurés dudit Métier dudit avis, portant ladite Sentence exécuté : défenses de procéder à l'élection de quatre petits Jurés, moyens desdits
Maîtres Gantiers signifiés ausdits Jurés, pour être ouis contre icelle
Sentence ; autres piéces des Parties, oui sur ce noble homme Maître
Pierre Brigallier , Conseiller du Roy en cette Cour en ses conclusions :
nous disons , que sur l'opposition formée à l'encontre de notre Sentence du 21 Août dernier , les Parties seront mises hors de Cour &
de procès , seront les Statuts & Réglement dudit Métier exécutés, &
nommément les articles XXI. XXIII. XXV. XXVII. XXX. &
XXXI. même le XXVII. aux termes & exécution portés par ledit
Arrêt du 31 Juillet 1627. & modification d'icelui , portée par
l'Arrêt du 6 Septembre 1636. enjoignons aux Jurés de veiller &
tenir la main à l'exécution & observation desdits Statuts, & faire en
cas de contravention saisir les Marchandises apportées ou venduës
contre la teneur desdits Statuts : & où il y auroit négligence de par
eux de faire ladite saisie, avons permis & permettons à chacun desdits
Maîtres dudit Métier faire faire icelles saisies par Officier de Justice,
à la charge de demeurer par celui qui les aura fait faire responsable
en son nom des dépens, dommages & interêts qui pourroient être
prétendus par celui sur lequel elles auroient été faites ; & aussi que
l'Officier de Justice qui les aura faites , établisse bon & suffisant gardien , duquel ledit Officier de Justice demeurera responsable jusqu'à
ce que les choses saisies ayent été représentées ; & sera tenu celui à
la Requête duquel la saisie aura été faite, de la remettre ès mains
des Jurés, pour être par eux poursuivie la confiscation , ou telle
autre condamnation qu'il conviendra ; & aussi ne pourront les Jurés
consentir la main-levée de ladite saisie, jusqu'à ce qu'elle soit ordonnée en Justice, celui à la Requête duquel elle aura été faite, présent ou dûement appellé, auquel sur la condamnation des dépens,

si aucuns sont adjugés, sera remboursé de ses frais & autres. Ce qui sera exécuté nonobstant opposition ou appellations quelconques, faites ou à faire, pour lesquelles & sans préjudice d'icelles ne sera différé. En témoin de ce nous avons fait sceller ces présentes du Scel de ladite Prévôté de Paris. Ce fut fait & donné par Messire Antoine Ferant, Conseiller du Roy en ses Conseils d'Etat & Privé, & Lieutenant Particulier, Assesseur Civil & Criminel audit Châtelet, tenant le Siége le Mardy 4 Janvier 1667. *Signé*, L U C E.

S A G O T , Greffier.

C A M U S.　　　　　　　　　　　　　R O B I N E T.

Collationné à l'Original en Parchemin, ce fait rendu par les Notaires du Roy au Châtelet de Paris, soussigné, le 1668.

EXTRAIT DES REGISTRES DE PARLEMENT.

ENtre les Jurés Gardes & Anciens de la Communauté des Marchands Gantiers de cette Ville de Paris, appellans de la Sentence rendue au Châtelet de cette Ville de Paris, le 4 Janvier 1667. d'une part ; & Jean Durif, Zacharie Paulet, Jean Delaistre, Jean Grandin, Philippe Penel, Jacques Leroy, Jacques Hardray, Michel Métayer & Pierre Godefroy, Maîtres Gantiers-Parfumeurs de cette Ville de Paris, Intimés, d'autre. Sans que les qualités puissent préjudicier, après que Maurice pour les Appellans, & Guherry pour les Intimés ont été oüis & sont demeurés d'accord de l'appointement paraphé de Talon pour le Procureur Général du Roy, qui a été oüi : L A C O U R ordonne que l'appointement sera reçû, & suivant icelui a mis l'appellation & ce dont a été appellé au néant, en ce que par la Sentence il est permis aux Maîtres particuliers de faire des saisies sur les Maîtres dudit Métier, sans assistance des Jurés. Emendant ordonne que les Maîtres particuliers qui auront connoissance de quelques malversations ou débit de Marchandise défectueuse, en avertiront les Jurés par un Acte par écrit, lesquels seront tenus de se transporter dans le jour, & faire saisir lesdites Marchandises ; & à faute de ce faire, après vingt-quatre heures, permis aux Maîtres particuliers de se retirer pardevant le Lieutenant de Police, pour leur être nommé un Officier, en présence duquel lesdits Maîtres pourront faire lesdites saisies à leur risques, périls & fortunes ; & néanmoins permis aux Maîtres particuliers de saisir sur les

colporteurs

Colporteurs qui ne font Maîtres dudit Métier ; la Sentence au réfidu fortiffant fon effet, dépens compenfés. FAIT en Parlement le 19 Juillet 1668. *Signé*, par Collation. Et à côté CLEMENT. Et au dos eft écrit, l'an 1668. le 20 Juillet fur le préfent original baillé copie à Maître Percheron, en fon domicile, parlant à fon Clerc. *Signé*, COQUILLE.

Collationné à l'Original en Parchemin, ce fait rendu par les Notaires du Roy en fon Châtelet de Paris, le 1668.

SENTENCE DE POLICE,

Portant défenfes aux Marchands Merciers de mettre aucuns Gants en couleur.

A TOUS ceux qui ces préfentes Lettres verront ; Achilles de Harlay, Comte de Beaumont, de Beaune, Seigneur de Stamis & autres lieux, Confeiller ordinaire du Roy en fes Confeils d'Etat & Privé, Procureur Général de Sa Majefté en fa Cour de Parlement à Paris, & Garde de Scel de la Prévôté & Vicomté de Paris, le Siége vacant ; SALUT : fçavoir faifons, que fur la Requête faite en Jugement devant Nous en la Chambre de Police du nouveau Châtelet de Paris, par Me Jean-Euftache Taitbout, Procureur des Jurés de la Communauté des Marchands Maîtres Gantiers-Parfumeurs de cette Ville, Demandeurs en confifcation de plufieurs paires de Gants mouillés en couleur de Franchipane, lefquelles quatre paires ont été faifies, felon l'Exploit de Dudoit, Sergent à Verge en cette Cour, du 9 Février dernier, contrôlé à Paris par du Bois le même jour ; & Défendeurs, affiftés de Me Camus leur Avocat, à l'encontre de Me François Millot, Procureur de Jean-Baptifte Marconnet le jeune, Marchand Mercier à Paris, Défendeur & Demandeur aux fins de fa Requête verbale du 19 Février dernier, tendante à ce que l'avis du Procureur du Roy en cette Cour, du 17 Février dernier, fût déclaré nul, & que mainlevée pure & fimple lui fût faite de ladite faifie des Gants en queftion. Parties ouïes en leurs Plaidoyers & Remontrances ; lecture faite defdites Piéces, des Statuts & Réglemens de ladite Communauté, Nous

C.

avons la faifie defdits Gants faite par Exploit fufdaté fur ledit Marconnet, déclarée bonne & valable ; ce faifant, lefdits Gants confifqués au profit defdits Jurés, à la repréfentation le Gardien contraint par corps, quoi faifant déchargé. Faifons défenfes audit Marconnet & à tous autres Marchands Merciers, de plus mettre ni faire mettre en couleur, apprêter, laver aucun Gant, même ne fe fervir de bâtons ni de forces, à peine de nouvelle confifcation & d'amende ; & pour la faute par lui commife, le condamnons dès-à-préfent en trois livres d'amende, & en pareille fomme de dépens ; ce qui fera exécuté nonobftant & fans préjudice de l'Appel, oppofitions ou appellations quelconques. En témoin de ce Nous avons fait fceller ces Préfentes. Ce fut fait & donné par Meffire Loüis de Vienne, Seigneur de Giraudot & autres lieux, Confeiller du Roy en fes Confeils, & Affeffeur Civil & Criminel de la Ville, Prévôté & Vicomté de Paris, tenant le Siége, le Mardy 12 Mars 1680. Collationné, *Signé*, TRUCHOT.

SENTENCE DE POLICE.

Portant défenfes aux Marchands Forains d'être plus de quinze jours à Paris, pour vendre leurs Marchandifes en gros, & non en détail.

A TOUS ceux qui ces préfentes Lettres verront : Achilles de Harlay, Chevalier, Confeiller du Roy en fes Confeils, fon Procureur Général en fa Cour de Parlement, & Garde de la Prévôté & Vicomté de Paris, le Siége vacant, SALUT : Sçavoir faifons, que fur la Requête faite en Jugement devant Nous en la Chambre de Police de l'ancien Châtelet de Paris, par Maître Jean-Euftache Taitbout, Procureur des Jurés de la Communauté des Marchands Maîtres Gantiers-Parfumeurs de cette Ville de Paris, Demandeurs aux fins de la plainte par eux renduë au Commiffaire de la Marre, le 7 Juin dernier, de ce que Melchior de Bezieux, Marchand Forain de Gants de la Ville de Grace en Provence, au préjudice des Ordonnances & Réglemens de Police, depuis plus d'un an il ne ceffoit de vendre & débiter des Marchandifes comme les Maîtres de leur Communauté, dont la plûpart n'étoient portées au Bureau de leurdite Communauté, pour être vifitées, loties & partagées entr'eux & les autres Maîtres d'icelle. Et encore lefdits Jurés Demandeurs aux fins de leur Exploit fait par Granger, Sergent à Verge en cette Cour, le 8 dudit mois de Juin dernier, contrôlé à Paris par Bourguignon, le même jour affiftés de Maître   Camus leur Avocat, contre Maître Gafton, Jean-Baptifte Legerin, Procureur dudit Melchior Bezieux, Marchand Forain, Défendeur, affiftés auffi de Maître Edme Gondault fon Avocat ; Parties oüies, lecture faite defdites plainte & Exploit, de notre Sentence du 12 Septembre 1665. rendue contre Jean Galimare Marchand Forain, par laquelle, entr'autre chofe, défenfe lui a été faite de plus envoyer ni vendre aucunes Marchandifes de Gants, Effences, Pommades, & autres chofes dépendantes dudit métier, qu'elle n'ayent été portées en la Chambre commune des Gantiers, & vifitées par les Jurés, & les droits payés, à peine de confifcation, & pourroit demeurer dans cette Ville pendant quinzaine pour le débit de fes Marchandifes : de trois autres de nos Sentences renduës au profit de ladite Communauté, contre Antoine Bifcare, Jacques Michel, & Antoine Bezieux, tous Marchands Forains, le 30 Octobre 1674. 2 Janvier de la même année, & 12 Février 1675. par lefquelles, entr'autres chofes, il a été ordonné qu'au cas que lefdits Maîtres Gantiers ne puiffent convenir avec lefdits Marchands Forains du prix de leurs Marchandifes Foraines, iceux Marchands Forains les pourront vendre en gros, & non autrement, dans leurs maifons pendant quinzaine feulement, à compter du jour de la vifite de leurs Marchandifes ; & qu'après ladite quinzaine paffée ils feroient tenus de les remporter hors la Ville, Fauxbourgs & Banlieue de cette Ville, à peine de confifcation & d'amende : des moyens & Acte des 1 & 11 de ce mois, avec lefquels a été donné copie defdites Sentences ; de l'Acte délivré par Daubenton Greffier en cette Cour, du 9 de ce mois, par lequel il paroît avoir été communiqué audit Legerin des Statuts, Réglemens, Ordonnances de ladite Communauté, & autres Piéces. Oüi noble homme M. Brigalier, Avocat du Roy en ce Siége : NOUS DISONS que les Arrêts & Réglemens de ladite Communauté feront exécutés, & en conféquence d'iceux ledit Melchior Bezieux condamné vendre dans quinzaine toutes les Marchandifes qui font dans la chambre, & ce en gros & non en détail, & la quinzaine paffée tenu les remporter hors de cette Ville de Paris, ce qu'il pourra faire pendant trois jours, après la quinzaine expirée ; après lefquels trois jours, faute d'avoir par lui fait porter fes Marchandifes hors de Paris, permettons aux Parties de Taitbout de faire tranfporter un Commiffaire dans les lieux où lefdites marchandifes font ou feront, pour en fermer les portes, y appofer fon fcellé , qui y demeurera jufques à trois jours avant l'ouverture de la premiere Foire. Avons enjoint audit Melchior Bezieux, lorfqu'il lui arrivera des Marchandifes nouvelles concernant le négoce des Gantiers, les faire porter en leur Bureau, pour y être vifitées & loties entre les Marchands Gantiers, finon par lui venduës en gros dans la quinzaine prochainement, fuivant l'arrivée defdites Màrchandifes, laquelle expirée, s'il ne les a venduës, fera tenu les emporter hors de cette Ville de Paris, ce qu'il pourra faire pendant trois jours, & les trois jours paffés, fera permis aux Marchands Gantiers les faire enfermer en une armoire ou en un lieu commode, fur les guichets ou portes defquels lieux ou armoire fera appofé Scellé, qui ne fera levé que trois jours avant l'ouverture de la Foire qui fera lors prochaine. Enjoint à la Partie de Legerin de porter honneur & refpect aux Jurés & anciens de ladite Communauté ; défenfes à lui de leur méfaire ni médire, dépens compenfés : ce qui fera exécuté nonobftant oppofitions ou appellations quelconques, & fans préjudice d'icelles. En témoin de ce nous avons fait fceller les Préfentes, qui furent faites & données au Châtelet de Paris par Meffire Michel Ferrand, Confeiller du Roy en fes Confeils, & Lieutenant Particulier, tenant le Siége, le Mardy 16 Juillet 1680. Collationné. *Signé*, TRUCHOT.

EXTRAIT DES REGISTRES DE PARLEMENT.

LOUIS, PAR LA GRACE DE DIEU, ROY DE FRANCE ET DE NAVARRE : Au premier Huiffier ou Sergent fur ce requis Sçavoir faifons que le jour & date des Préfentes, entre la Communauté des Maîtres Eventailliftes de Paris, Appellans d'une Sentence renduë par le Prévôt de Paris, ou fon Lieutenant de Police, les 18 Mai 1685. & vingt-huit Mai mil fix cent quatrevingt-huit, d'une part ; & la Communauté des Maîtres & Jurés Gantiers, Intimés, d'autre : & entre les Maîtres & Gardes du corps des Marchands Merciers, Groffiers, Jouailliers de Paris, Demandeurs en Requête, afin d'intervention du 31 de Janvier 1689. d'une part, & lefdits Jurés & Communauté des Eventailliftes & lefdits jurés de la Communauté defdits Gantiers, Défendeurs, d'autre part. VU PAR LA COUR lefdites Sentences du Lieutenant Général de Police de Paris, du 18 Mai 1685. & 28 Mai 1688. dont eft appel, la premiere renduë entre Etienne Foreau, Marchand Gantier & Parfumeur à Paris, Défendeur à la faifie fur lui faite à la Requête des Jurés Eventailliftes & la Communauté des Gantiers Parfumeurs Intervenans , & prenant le fait & caufe dudit Foreau contre lefdits Jurés de la Communauté des Eventailliftes Demandeurs , par laquelle après que l'Avocat du Roy auroit été oüi en fes conclufions , l'avis auroit été infirmé , la faifie valable , & néanmoins les chofes faifies renduës , & à l'avenir lefdits Gantiers pourroient apprêter les peaux des Eventails pour être par eux données aux Eventailliftes pour les mouiller , enjoliver , & enfuite être renduës aufdits Gantiers , pour les vendre & débiter , après qu'elle auront été marquées par les Eventailliftes , & apportant par lefdits Gantiers quittance defdits Eventailliftes pour l'execution de ladite Sentence : lefdits Eventailliftes pourroient faire vifite chez lefdits Gantiers , affiftés toutefois d'un des Jurés de la Communauté des Gantiers , dépens compenfés , ce qui feroit exécuté fans préjudice de l'appel : la feconde entre Pierre Gaboureau , Nicolas Depance , Jean Gerveau dit Gaillard , Claude Girault & Laurent Perufot , tous Gantiers-Parfumeurs à Paris , Défendeurs aux faifies faites en leurs Maifons de plufieurs Eventails , tant de papier , taffetas , peaux & autres façons , & lefquels Maîtres & Gardes de la Communauté defdits Marchands Gantiers - Parfumeurs de Paris , Intervenans & Demandeurs , en exécution de la Sentence du 18 Mai 1685. & en confirmation de l'avis de Procureur du Roy du 29 Août 1687. contre lefdits Jurés de la Communauté defdits Eventailliftes , Demandeurs faififfans , & Défendeurs à l'intervention , par laquelle , parties oüies , auroit été ordonné que la Sentence dudit jour 18 Mai 1685. feroit executée felon fa forme & teneur , & en conféquence les faifies faites fur lefdits Gantiers à la Requête defdits Eventailliftes , auroient été déclarés nulles : ce faifant main-levée auroit été faites aufdits Gantiers de Paris , de tous les Eventails faifis , défenfes aufdits Jurés Eventailliftes de plus aller en vifite chez lefdits Maîtres Gantiers , fans être affiftés d'un des Jurés de la Communauté des Gantiers , à peine de nullité : au furplus lefdits Jurés Eventailliftes feroient tenus d'avoir une marque pour marquer les Eventails , dépens compenfés ; ce qui feroit exécuté nonobftant oppofitions ou appellations quelconques , & fans préjudice d'icelles. Arrêt d'appointé au Confeil du 25 Juin 1688. Requête du 23 Juillet audit an , defdits Jurés & Communauté defdits Eventailliftes employée pour caufes d'appel. Réponfes defdits Gantiers ; Productions des Parties. Requête du 2 Août 1689. de la Communauté defdits Eventailliftes , employée pour contredits ; Contredits defdits Eventailliftes ; la Requête du 31 Janvier 1689. defdits Maîtres & Gardes du corps des Marchands Merciers , Groffiers , Joüailliers de Paris , à ce qu'ils fuffent reçus parties interve-

nantes en l'Inſtance d'entre leſdits Jurés & Communauté deſdits
Eventailliſtes & Gantiers ; faiſant droit ſur leurs interventions, en
infirmant les Sentences des 18 Mai 1685. & 28 Mai 1688. défenſes
fuſſent faites aux Eventailliſtes de faire venir des Indes des Eventails,
ni en acheter pour les revendre & en vendre d'autres que de ceux par
eux fabriqués & par leurs Domeſtiques & Apprentifs en leurs maiſons
& boutiques, à peine d'amende commune ; auſſi que défenſes fuſſent
faites auſdits Gantiers de vendre aucuns Eventails, ni en avoir dans
leurs maiſons & boutiques, à peine de confiſcation, & de telle amende
qu'il plairoit à la Cour arbitrer, & en cas de conteſtation les Conteſ-
tans fuſſent condamnés aux dépens, & acte de ce que pour moyens
d'intervention leſdits Merciers employoient le contenu en leur Requête. Arrêt du 3 Février 1689. par lequel leſdits Merciers auroient
été reçus parties intervenantes, & pour faire droit ſur leur intervention, les parties auroient été appointées en droit, & acte auſdits
Merciers, de ce que pour moyens d'intervention ils employoient le
contenu en leur Requête, & ordonné que les Défendeurs fourniroient
de réponſes, écriroient, produiroient, & joint à l'inſtance diſtribuée
à Maître Jean-François le Cocq, Conſeiller ; Productions deſdits Merciers, Requête du 2 Mars 1689. & 20 Décembre 1690. deſdites
Communautés des Eventailliſtes & Gantiers employées pour réponſes
à moyens d'intervention, défenſes, écritures & productions, celle
deſdits Gantiers employée pour contredits contre la production deſdits
Merciers ; Requête du 17 Juin 1690. deſdits Merciers, employée
pour contredits contre les productions deſdits Gantiers & Eventailliſtes, ladite Requête du 20 Décembre 1690. deſdits Gantiers, ſervant de ſalvations contre la Requête de contredits deſdits Merciers :
Production nouvelle deſdits Eventailliſtes par Requête du 17 Janvier
1690. ſervant auſſi de contredits contre la production deſdits Merciers.
Requête deſdits Merciers du 19 Juin audit an, employée pour ſalvations contre la Requête de contredits deſdits Eventailliſtes & pour
contredits contre leur production nouvelle dudit jour 17 Janvier,
même pour contredits contre l'emploi de production deſdits Eventailliſtes ſur l'intervention ; Sommations de contredire ladite production
nouvelle deſdits Eventailliſtes par leſdits Gantiers du 17 Janvier 1690.
Autre production nouvelle deſdits Eventailliſtes par Requête du 27
Août 1689. Sommation dudit jour de la contredire par leſdits Gantiers ; Production nouvelle deſdits Gantiers par Requête du 28 Février 1690 ; Requête du 8 Mars 1691. deſdits Eventailliſtes, employée
pour contredits contre icelle, même pour ſalvations contre la Requête
deſdits Merciers des 17 & 19 Juin 1690. Autre production nouvelle

desdits Gantiers par Requête du 13 Mars 1691. Sommation de la contredire par lesdits Merciers ; Conclusion de notre Procureur Général ; Acte de distribution du 5 Décembre 1691. de l'instance à Me Loüis-Marie de Maulnory, Conseiller, au lieu dudit sieur le Cocq· Le tout joint & consideré, NOTREDITE COUR ayant égard à l'intervention desdits Merciers, a mis les appellations & ce dont a été appellé au néant ; émendant fait main-levée ausdits Gantiers des saisies des Eventails sur eux faites à la Requête desd. Eventaillistes, & en conséquence permet ausd. Gantiers de préparer les cuirs, papiers & taffetas desEventails, pour iceux préparés être par eux donnés à tel des Maîtres Eventaillistes qu'ils voudront choisir pour les mouler, enjoliver & marquer, pour ensuite être par eux vendus & débités ; leur fait défenses d'en vendre d'autres que ceux dont ils auront préparé les peaux, papiers & taffetas, & qu'ils auront fait mouler, enjoliver & marquer par lesdits Maîtres Eventaillistes, à peine de confiscation & de dix livres d'amende, & pour l'exécution du présent Arrêt, permet ausdits Jurés Eventaillistes de faire la visite des Maisons & Boutiques desdits Gantiers, en se faisant assister d'un Juré Gantier, lequel sera tenu de les accompagner à la premiere requisition qui en sera faite ; Fait défenses ausdits Gantiers & Eventaillistes d'acheter aucuns éventails pour les revendre, & d'en vendre d'autres, que ceux qu'ils auront fabriqués ou fait fabriquer & composés de toutes les parties nécessaires, conformément à l'Article premier des Statuts desdits Eventaillistes. Condamne lesdits Eventaillistes au quart des dépens de la cause d'appel envers lesdits Gantiers, & lesdits Eventaillistes & Gantiers aux dépens de l'intervention envers lesdits Merciers chacun à leur égard, les trois autres quarts compensés entre lesdits Gantiers & Eventaillistes. SI TE MANDONS de mettre le présent Arrêt à exécution selon sa forme & teneur, de ce faire te donnons pouvoir. DONNE' à Paris en notre Cour de Parlement, le septiéme jour de Février l'an de grace mil six cent quatre-vingt-douze. Collationné par la Chambre. *Signé*, DU TILLET.

Le vingt-deux Février mil six cent quatre-vingt-douze, signifié & baillé Copie à Maître Baudouin, Procureur en son domicile, parlant à son Clerc. *Signé*, CHOUT.

L'An mil sept cent onze, le trente-un Août, heure de midy, à la Requête des Jurés & Syndic de la Communauté des Maîtres & Marchands Gantiers-Parfumeurs à Paris, qui ont élû leur domicile en la maison de Me Roch Hubert, Procureur au Châtelet, sise rue Cloche-Perche, je me suis Nicolas Dauſſin, Huiſſier à Verge du Châtelet de Paris, demeurant rue ſaint Denis, ſouſſigné, tranſporté, avec les ſieurs Paul Delaporte, Charles Dulacq & François Mary, Syndic, & Anciens de ladite Communauté, en la maiſon & domicile du ſieur Bordier, l'un des Jurés de la Communauté des Maîtres & Marchands Eventailliſtes à Paris, ſiſe rue ſaint Denis, où étant, parlant à ſa perſonne, je l'ay ſommé & interpellé de ſatisfaire à l'Arrêt du Parlement de Paris, en l'année 1692, & à la Sentence rendue par Monſieur le Lieutenant Général de Police, le 28 Juillet dernier, & ſuivant icelle préſentement marquer à la marque de la Communauté des Maîtres Eventailliſtes, deux douzaines d'Eventails, montés par differens Maîtres de ladite Communauté, leſquels Eventails je lui ai offert & exhibé à cet effet, lequel a fait réponſe qu'il n'a pû marquer leſdits Eventails, attendu que ce n'eſt point lui qui les a vendus ni faits, qu'il eſt prêt de marquer ceux qu'il vendra à l'avenir, & a ſigné BORDIER, avec Paraphe. Laquelle réponſe j'ai pris pour refus & déclaré que leſdits ſieurs Jurés & Sindic de la Communauté des Maîtres & Marchands Gantiers à Paris ſe pourvoiront ainſi qu'ils aviſeront bon être, & laiſſé copie. Et ont leſdits ſieurs Delaporte, Dulacq & Marie ſigné DELAPORTE, avec paraphe, MARIE, DULACQ & DAUSSIN.

Contrôlé à Paris le trente un Août mil ſept cent onze. Reg. 183. Fol. 180. Signé SAUNIER, avec paraphe.

ARREST DE LA COUR DE PARLEMENT

Rendu en faveur des Maîtres & Marchands Gantiers-Parfumeurs de la Ville & Fauxbourg de Paris, contre les Marchands Merciers de ladite Ville, du 9 Juillet 1715.

LOUIS PAR LA GRACE DE DIEU ROY DE FRANCE ET DE NAVARRE : Au premier des Huiſſiers de notre Cour de Parlement, ou autre notre Huiſſier ou Sergent ſur ce requis Sçavoir faiſons, qu'entre Leüis Goupy, Marchand Mercier à Paris, appellant d'une Sentence rendue en la Chambre de Police du Châtelet de Paris, du 9 Juin 1711. d'une part ; & les Jurés de la Communauté des Maîtres Gantiers-Parfumeurs de cette Ville de Paris, Intimés, d'autre part ; & entre les Maîtres & Gardes du Corps des Marchands Merciers de la Ville & Fauxbourgs de Paris, appellans de ladite Sentence rendue par le Lieutenant Général de Police du Châtelet

de

de Paris, du 9 Juin 1711. & les Jurés de la Communauté des Maîtres & Marchands Gantiers-Parfumeurs de cette Ville, Intimés, & entre lefdits Maîtres & Gardes des Marchands Merciers, Appellans d'une Sentence rendue par le Lieutenant Général de Police au Châtelet de Paris, le 28 Juillet 1711. aux chefs qui leur font préjudice ; & Paul de la Porte, Quentin Marlet, & Françoife de Pont, veuve de Hugues de France, Maîtres Gantiers-Parfumeurs à Paris, Intimés, d'autre ; & entre lefdits Maîtres & Gardes Demandeurs en Requête du 18 Janvier 1712. & lefdits Jurés & Communauté des Gantiers, Défendeurs ; & entre lefdits Jurés & Communauté des Gantiers, Demandeurs en Requête du 26 Juillet 1712. & lefdits Goupy & Maîtres & Gardes des Merciers, Défendeurs ; & entre lefdits Maîtres & Gardes des Merciers, Demandeurs en Requête du 3 Février 1713. & lefdits Jurés & Communauté des Gantiers, Défendeurs ; & entre lefdits Jurés & Communauté des Gantiers, Demandeurs en Requête du 6 Mai 1713. & lefdits Maîtres & Gardes, Défendeurs ; & entre lefdits Maîtres & Gardes des Merciers, Demandeurs en Requête du 13 Juillet 1713. & ladite Communauté des Gantiers, Défendereffe ; & entre lefdits Jurés Gantiers, Demandeurs en Requête verbale par eux préfentée au Châtelet de Paris, fignifiée le 5 Mai 1713. par Pillon Au- diancier du Châtelet, & lefdits Maîtres & Gardes, Défendeurs ; & entre lefdits Maîtres & Gardes des Merciers, Demandeurs aux fins de la Requête par eux préfentée à notredite Cour, & Exploits faits en conféquence les 8 & 9 Mars 1714. & lefdits Jurés des Maîtres Gan- tiers, Défendeurs & Demandeurs en Requête du 19 Mars 1714. & entre lefdits Maîtres & Gardes & Marchands Merciers, Demandeurs en Requête verbale par eux préfentée au Châtelet, devant le Lieute- nant Général de Police, le 25 Avril 1713. & Défendeurs ; & Jac- ques Roubault & Jean Laydier fe difant Maîtres Gantiers-Parfumeurs de la Ville de Grace en Provence, & Marchands Forains apportans en cette Ville de Paris, Défendeurs & Demandeurs en autre Requête verbale faite audit Châtelet, les 12 Avril & 12 Mai 1713. & entre lefdits Maîtres & Gardes, Demandeurs en Requête des 17 & 19 Mars 1714. & lefdits Roubault & Laydier, Défendeurs & Deman- deurs en autre Requête du 10 Avril 1714. & entre lefdits Maîtres & Gardes des Marchands Merciers, Demandeurs en Requête du 18 Mars 1715. & lefdits Jurés & Communauté des Gantiers, Roubault & Lay- dier, Défendeurs, d'autre. Vu par notredite Cour la Sentence dont eft appel, rendue par le Lieutenant Général de Police du Châtelet le 9 Juin 1711. par laquelle, fans s'arrêter à la Requête d'intervention defdits Maîtres & Gardes des Merciers de cette Ville, dont ils auroient

D

été déboutés, ni à la Requête & demande dudit Goupy, du 24 Mars, dont ils auroient aussi été déboutés ; l'avis du Substitut du Procureur Général, du 17 Mars 1711. donné contre ledit Goupy, auroit été confirmé pour être exécuté selon sa forme & teneur, & suivant icelui la saisie faite à la Requête des Jurés Gantiers - Parfumeurs des Marchandises & Ustenciles servant au métier de Gantier-Parfumeur, trouvés dans la Boutique dudit Goupy, auroit été déclarée bonne & valable ; lesdites choses saisies, confisquées au profit des Jurés Gantiers-Parfumeurs, à livrer, mettre ès mains, seroient les gardiens d'icelles contraints, quoi faisant ils en demeureront bien & valablement déchargés ; défenses audit Goupy & à tous autres Marchands Merciers de plus à l'avenir faire aucuns ouvrages, ni avoir chez eux aucuns outils ni choses propres à la fabrique d'ouvrages concernant ledit métier de Gantier - Parfumeur, sous telles peines qu'il appartiendroit ; lesdits Goupy & Maîtres & Gardes des Merciers condamnés aux dépens. Arrêt d'appointé au Conseil du premier Décembre 1711. Causes & moyens d'appel dudit Goupy, du 5 Février 1712. à ce qu'en émendant la saisie faite sur lui, à la Requête desdits Gantiers, fût déclarée nulle & injurieuse, pleine & entiere main-levée lui en fût faite, ordonné que les choses saisies lui seroient rendues ; à ce faire les gardiens & dépositaires contraints par corps, quoi faisant ils en demeureroient bien & valablement déchargés, lesdits Gantiers condamnés en ses dommages & interêts ; ordonner que l'Arrêt du 26 Novembre 1594. seroit exécuté, & en conséquence défenses fussent faites ausdits Gantiers & aux Jurés de la même Communauté de prendre la qualité de Parfumeurs ; que celle qu'ils s'étoient donnée dans leur procédure, seroit rayée ; défenses leur fussent faites pareillement de vendre aucune marchandise de Mercier, mais seulement les Gants qu'ils fabriqueroient, & autres marchandises concernant le métier de Gantier, sans qu'ils les pussent tirer de dehors, à peine de confiscation & de telle amende qu'il plairoit à notredite Cour ; lesdits Gantiers condamnés aux dépens. Réponses à cause d'appel desdits Gantiers, du 11 Février 1712. Productions des Parties & leurs contredits respectifs des 20 Février & 29 Août 1712. ceux dudit Goupy servant de salvations. Requête dudit Goupy du 17 Juillet 1713. employée pour plus amples écritures & contredits. Arrêt du 16 Janvier 1712. par lequel sur l'appel de ladite Sentence du 9 Juin 1711. les Parties auroient été appointées au Conseil & joint. Requête desdits Gantiers du 11 Février 1712. employée pour écritures & productions. Requêtes desdits Maîtres & Gardes, du 21 Juillet audit an, employée pour causes & moyens d'appel, écritures & productions ; & à ce qu'en émendant & déclarant ladite saisie nulle,

injurieufe &tortionnaire , dont main-levée pure & fimple feroit faite ;
défenfes fuffent faites aufdits Jurés & Communauté des Gantiers de
venir vifiter chez lefdits Merciers & dans leurs Boutiques , Magazins
& autres lieux à eux appartenans , en telle maniere que ce fut , à peine
de 1000 livres d'amende , & de tous dépens , dommages & interêts ;
lefdits Maîtres & Gardes des Marchands Merciers maintenus dans le
droit de poffeffion & jouiffance où ils étoient de tems immémorial ,
d'avoir chez eux en leurs Boutiques, & où bon leur fembleroit , des
marchandifes d'Amidon dont fe faifoit raffiner & parfumer la poudre
à poudrer les cheveux & perruques , enfemble d'avoir pareillement
des outils tels que ceux faifis , qui fervoient à faire laver, raffiner &
parfumer la poudre & autres parfums , comme étant néceffaires , & à
euxpermis pour les paremens , enrichiffemens , enjolivemens & apprêts
de leurs marchandifes ; lefdits Jurés & Communauté des Gantiers condamnés en tous les dépens , fauf & fans préjudice aux Maîtres & Gardes de prendre telles conclufions qu'il appartiendroit par la fuite. Réponfes à caufe d'appel defdits Gantiers , du 13 Août 1712. Contredits
defdits Gantiers & Maîtres & Gardes defdits Merciers, des 27 Juillet
1712. & 30 Janvier 1713. Requête defdits Gantiers du 23 Mai 1713.
employée pour falvations. La Sentence rendue par le Lieutenant
Général de Police au Châtelet , le 28 Juillet 1711. entre lefdits de la
Porte , Marlet & de Pont, Défendeurs & Demandeurs ; & lefdits
Maîtres & Gardes des Marchands Merciers-Jouailliers , faififfans fur
lefdits de la Porte Marlet & de Pont, Demandeurs & Défendeurs ;
& les Maîtres & Gardes des Marchands Epiciers, Groffiers, Droguiftes-
Apoticaires, Epiciers & intervenans , par laquelle faifant droit fur le
tout en tant que touchoit la faifie faite à la Requête des Maîtres &
Gardes de la Mercerie , des Eventails qui avoient été trouvés chez
lefdits de la Porte, Marlet & de Pont, attendu que lefdits Eventails
ne s'étoient point trouvés marqués de la marque des Maîtres Eventailliftes aufquels ils les avoient donné à monter, fuivant l'Arrêt de notredite Cour de 1692. à cet égard ladite faifie auroit été déclarée valable
néanmoins pour cette fois , lefdits Eventails feroient rendus aufdits
de la Porte , Marlet & de Pont , aufquels & à tous autres Gantiers-
Parfumeurs auroit été fait défenfes d'en débiter ni d'en expofer en
vente, qu'ils ne fuffent marqués de la marques des Eventailliftes, aufquels auroit été pareillement enjoint de fe conformer audit Arrêt ; &
à l'égard des Houpes de foye à poudrer, des Boëtes de carton à cou-
verture de cuir rouge, Boëtes de bois pour mettre des favonnettes ou
bouteilles d'effences, auroit été fait défenfes aufdits Gantiers-Parfumeurs d'en vendre , fi ce n'étoit avec les Poudres, Savonnettes & autres

D ij

chofes de leur métier , à la charge de les acheter des Marchands Merciers , dont feroit fait mention dans les Regiftres des Vendeurs & des
Acheteurs , défenfes aufdits Gantiers-Parfumeurs d'en vendre féparément , à peine de confifcation & d'amende , & néanmoins pour cette
fois leur en auroit été fait main-levée ; & à l'égard du Vermillon & de
la Cire d'Efpagne qui avoient été pareillement faifis après la déclaration
faite par lefdits de la Porte , Marlet & de Pont , qu'ils les avoient
fabriqués chez eux , leur en auroit été fait main-levée , & en conféquence ordonner qu'ils pourroient continuer d'en faire la vente ,
pourvû que la fabrique en ait été faite par eux , & non autrement ; défenfes leur auroient été faites d'en faire fabriquer par d'autres , ni d'en
acheter pour la revendre , à peine de confifcation & d'amende : quant
aux fix pacquets de mouches qui avoient été trouvés chez lefdits de la
Porte , Marlet & de Pont , la faifie en auroit été déclarée bonne &
valable ; défenfes leur auroient été faites , & à tous Gantiers - Parfumeurs , d'en vendre ni débiter , non plus que toutes autres marchandifes de Mercerie , même des Eponges , s'ils ne les avoient lavées , parfumées & perfectionnées de leurs Arts ; & en ce qui concernoit l'Eau
de Fleur d'Orange , l'Eau de Rofe & de la Reine d'Hongrie , & de
Sirop de Capillaire qui avoit été trouvée dans les Boutiques defdits de
la Porte , Marlet & de Pont , & qu'ils avoient déclaré venir de Mont-
pelier & d'ailleurs , fans avoir égard à l'intervention & demande des
Maîtres & Gardes Apoticaires , fur lefquelles les Parties étoient mifes
hors de Cour & de Procès , la faifie qui en a été faite à la requête des
Maîtres & Gardes de la Mercerie , auroit été déclarée bonne & valable ,
les bouteilles de Sirop de Capillaire confifquées ; & néanmoins pour
cette fois les Eaux Rofes & Fleurs d'Oranges & de la Reine d'Hongrie
foraines renduës aux Parties faifies , enfemble les Eftagnons de cuivre
qui les contenoient ; défenfes leur auroit été faites d'en vendre ni
débiter à l'avenir , à peine de confifcation & d'amende , mais feulement de celles qu'ils avoient diftillées ou compofées par eux-mêmes ou
par leurs Apprentis & Compagnons , fauf à eux à pouvoir acheter &
avoir defdites Eaux de fenteurs foraines , pour la compofition des Parfums qu'ils feroient chez eux : à l'effet de quoi fe pourroient fervir de
tous vafes & uftenciles néceffaires , fans que les Merciers les y puiffent
troubler ; & en conféquence feroient les fcellés qui avoient été appofés
fur les Boëtes & Caffettes dans lefquelles lefdites chofes faifies avoient
été renfermées , levés & ôtés fans aucune defcription , & les gardiens
déchargés ; fur les autres fins & conclufions refpectives des Parties ,
elles auroient été mifes hors de Cour , tous dépens compenfés. La Requête & demande defdits Maîtres & Gardes de la Mercerie , du 18

Janvier 1712. aux fins de faire affigner en notredite Cour les Jurés de la Communauté defdits Gantiers, pour voir dire & ordonner que l'Arrêt qui interviendroit feroit déclaré commun avec eux, pour être exécuté felon fa forme & teneur; & en conféquence que leurs conclufions leur feroient adjugées avec dépens. Exploit d'affignation donnée en conféquence le 18 Janvier 1712. Arrêt du 24 Mai audit an, par lequel fur lefdits appel & demande, les Parties auroient été appointées au Confeil, en droit & joint; caufes & moyens d'appel defdits Maîtres & Gardes du 6 Août 1712. en exécution des Arrêts des 16 Janvier & 24 Mai audit an, contenant leurs conclufions, à ce qu'entant que touchoit l'appel de la Sentence du 9 Juin 1711. l'appellation & ce fût mis au néant; émendant, main-levée des chofes faifies fur Loüis Goupy Marchand Mercier, défenfes aux Jurés Gantiers de troubler les Marchands Merciers dans le droit & poffeffion de vendre des Gants & de fe fervir des bâtons & autres outils néceffaires pour les laver & parfumer; comme auffi ils fuffent maintenus & gardés en la poffeffion de vendre toutes fortes de poudres à poudrer, & de fe fervir des outils néceffaires pour la parer, parfumer & enjoliver, en tant que touchoit l'appel de la Sentence du 28 Juillet 1711. l'appellation & ce fût pareillement mis au néant. 1°. En ce que l'on avoit permis aux Gantiers de vendre des Houpes de foye, des Boëtes de carton couvertes de cuirs dorés, des Boëtes à Savonnettes & des Bouteilles d'Effences, pourvû que ce fut avec la Poudre, Savonnettes & autres chofes de leur métier. 2°. En ce qu'on avoit fait main-levée aufdits de la Porte, Marlet & de Pont, du Vermillon & de la Cire d'Efpagne. 3°. En ce qu'on avoit permis aufdits de la Porte, Marlet & de Pont, de vendre des Sirops de Capilaire, Eaux Rofes & de la Reine d'Hongrie, pourvû qu'ils les euffent diftillés & compofés. 4°. En ce qu'on leur avoit permis d'avoir des Eaux de Fleurs d'Orange & de Rofes, foraines, fans en fixer la quantité, & fans obliger de les acheter des Marchands Merciers. 5°. En ce que l'on n'avoit pas ordonné la vente des Eventails & Mouches, Eaux Rofes & de la Reine d'Hongrie, dont la faifie avoit été déclarée bonne & valable au Bureau des Marchands Merciers; émendant quant à ce, défenfes fuffent faites aufdits de la Porte, Marlet & de Pont, de vendre aucune Houpe de foye, Boëtes à poudre, ni Boëtes à Savonnettes, ou Phioles, en telle façonque ce fût.

2°. Attendu qu'il paroiffoit par les Procès-verbaux de faifie faite fur lefdits de la Porte & Marlet, que la Cire d'Efpagne & Vermillon faifis n'avoient point été fabriqués par lefdits de la Porte & Marlet, la faifie defdites Cire d'Efpagne & Vermillon fût déclarée bonne & valable; défenfes fuffent faites aufdits de la Porte & Marlet, & de Pont, & à tous autres Gantiers de vendre de la Cire d'Efpagne & du Vermillon, s'ils n'avoient été fabriqués par eux en leurs maifons.

3ᵛ. Attendu que la diftillation des Eaux de Fleurs d'Orange & de la Reine d'Hongrie & autres de cette qualité, n'étoit point de la profef-fion des Gantiers, mais de celle des Diftillateurs, défenfes leurs fuffent faites de vendre ni débiter defdites Eaux, fous peine de confifcation & de telle amende qu'il plairoit à notredite Cour ordonner. 4°. Qu'à l'égard des Eaux de Rofes & de Fleurs d'Orange, ils n'en pourroient avoir chez eux, qu'elles n'euffent été achetées des Marchands Mer-ciers, & en la quantité qui feroit reglée par notredite Cour. 5°. Ordon-ner que les Marchandifes faifies à la requête des Marchands Merciers, & en contravention à leurs Statuts, feroient vendues au Bureau con-formément à leurfdits Statuts, Arrêts & Réglemens de notredite Cour. L'Arrêt déclaré commun avec la Communauté des Gantiers ; ledit de la Porte, Marlet & de Pont, & les Jurés de la Communauté des Gantiers, condamnés en tous les dépens des caufes principales & d'appel. Réponfes à caufe d'appel defdits de la Porte, Marlet & de Pont, du 18 Août 1712. Productions defdits Maîtres Gardes de la Mercerie, de la Porte, Marlet & de Pont, des Jurés & Communauté des Gantiers. Requête defdits Maîtres & Gardes de la Mercerie, du 10 Décembre 1712. employée pour avertiffement, écritures & pro-ductions. Contredits defdits Jurés & Gantiers, de la Porte, Marlet & de Pont, des 26, 31 Août & 19 Décembre 1712. Sommation de contredire par lefdits Maîtres & Gardes de la Mercerie. La Requête & demande defdits Jurés de la Communauté des Gantiers, du 26 Juillet 1712. à ce qu'il fut ordonné que fur l'appel de la Sentence du 28 juillet 1711. les Parties contefteroient plus amplement, écriroient & produiroient pardevant le Confeiller-Rapporteur, & les Conteftans condamnés aux dépens, & qu'acte leur fut donné de l'emploi pour écritures & productions fur ladite demande, fur laquelle requête auroit été mis fur la demande en droit & joint & acte d'emploi. Re-quête defdits Goupy & Maîtres & Gardes de la Mercerie, des 31 Août 1712. & 21 Décembre 1713. employée pour défenfes, écritures & productions & contredits. La Requête & demande defdits Maîtres & Gardes de la Mercerie, du 1. Février 1713. fignifiée le 3, à ce que fans préjudice de tous leurs droits & actions, & fans fe départir en aucune maniere des moyens, fins & conclufions qu'ils avoient expli-qués, ils fuffent reçus en tant que befoin feroit, oppofans à l'Arrêt du 23 Mai 1656 portant enregiftrement des prétendus Status obtenus par les Maîtres Gantiers : comme auffi ils fuffent pareillement reçus oppofans, en tant que befoin feroit, à l'Arrêt du 4 Juillet 1689. entre les Jurés Gantiers, d'une part, Jean Fournereau & Jean Furon ; Marchands Merciers, d'autre, en ce que lefdits Statuts & Arrêts pourroient faire préjudice aux Marchands Merciers aux chef expliqués ; ladite Requête, & notamment en ce que 1°. par les titres de ces Statuts ainfi que par l'Arrêt, les Gantiers prenoient la qualité de Marchands, & faifoient donner à leurs Jurés celles de Gardes. 2°. En ce que par l'article XIX. ils prenoient la qualité de Parfumeurs, & fe faifoient attribuer le pouvoir de faire appliquer, vendre & débiter chacun en leurs Boutiques toutes fortes de parfums, comme mufc, ambre, civette, & de toutes fortes d'odeurs & fenteurs dont ils fe pourroient avifer, & pour la commodité, difoient-ils, de leur état & profeffion ; attendu que fuivant les Arrêts de 1594. & 1618. les Gantiers ne fe pouvoient nommer Parfumeurs ; & qu'en exécution des Statuts defdits Marchands Merciers, les Gantiers ne pouvoient vendre ni débiter les parfums & marchandifes ci-deffus, autres que celles qui étoient expliquées à leurs ouvrages de Ganterie, fans pouvoir vendre lefdites Marchandifes féparément, fauf à eux néanmoins à vendre celles qu'ils pourroient compofer, & qui n'étoient point Marchandifes étrangeres. 3°. En ce que par l'article XXI. des Statuts les Gantiers s'attribuoient le droit de vendre & débiter chacun à leurs Boutiques, comme ils avoient, difoient-ils, toujours fait de toutes fortes de cuirs, comme pour laver & parfumer & blanchir, femblables à celles pour faire des Gants, pour la commodité de leur état ; attendu que fuivant les Statuts defdits Marchands Merciers de 1613. & de date plus ancienne, les Maîtres Gantiers ne pouvoient vendre ces peaux ainfi féparément, mais uniquement celles de quelques efpeces que ce fut qu'ils auroient employées en leurs ouvrages de Ganterie. 4°. En ce par l'article XXIX des mêmes Statuts, étoit dit que tous cuirs blancs de mégie corroyés & paffés en alun, tant de cuir de veaux blancs, de chevrotins & autres cuirs venant de dehors la Ville & Fauxbourgs de Paris, qui feroient apportés par les Marchands Forains, ne pourroient être vendus en ladite Ville, qu'auparavant ils n'euffent été portés en la Halle aux cuirs l'efpace de vingt-quatre heures, pour être vendus & lottis entre lefdits Gantiers, fur peine de confifcation ; attendu que cette injonction générale étoit préjudiciable aufdits Marchands Merciers & à ceux de leurs corps, par l'exemption où ils étoient de tout tems, de ne point faire porter à la Halle lefdites efpeces de Marchandifes qu'ils faifoient venir de dehors pour leur compte & en leurs noms, n'y ayant que celles qui étoient apportées par les Marchands Forains qui fuffent fujettes à être portées à la Halle des cuirs. 5°. En ce que par les Art. XXX. & XXXI. des mêmes Statuts, il étoit

porté , que ceux qui ne feroient point Maîtres Gantiers ne pourroient
laver aucuns Gants , ni avoir aucuns outils, uftenciles, fi ce n'étoit en
la maifon defdits Maîtres Gantiers , & ne pourroient garnir , enjoliver , enrichir , laver ni parfumer aucuns Gants ; attendu que cette
exclufion préjudicioit aufdits Merciers & à ceux de leurs Corps , qui
étoient en droit par leurs Statuts & par les Arrêts ci-deffus énoncés ,
de parer , enrichir & enjoliver toutes les fufdites Marchandifes qui
étoient de leur fait , & d'avoir pour cet effet tous les outils néceffaires
expliqués en iceux. Et 6°. en ce que par l'Arrêt du 4 Juillet 1689. confirmatif de la fufdite Sentence , les Gantiers fe faifoient attribuer la
faculté de pouvoir vendre Poudres, Savonnettes & Pommades , &
Eaux de fenteurs & autres parfums , & faifoient faire défenfes aux
Merciers d'avoir dans leurs Boutiques , mortiers, pillons, tamis &
petreins, d'autant que toutes ces Marchandifes n'étoient point du
métier des Gantiers, mais uniquement du fait & commerce des Merciers , qui ont encore le droit d'avoir les outils à eux propres & néceffaires pour la parure, enjolivement , enrichiffement & rafinement de
leurfdites Marchandifes, ce qui n'étoit point en la liberté des Gantiers
de contefter ; faifant droit fur lefdites oppofitions, les appellations des
Sentences de Police, des 9 Juin & 28 Juillet 1711. les appellations
fuffent mifes au néant ; émendant, ordonné que le titre defdites Lettres Patentes en forme de Statuts des Gantiers de 1656. enfemble les
articles XIX. XXI. XXIX. XXX. XXXI. & autres contraires aux
droits defdits Marchands Merciers feroient rayés ou reformés fuivant
les reftrictions & modifications ci-deffus expliquées ; en conféquence
la faifie faite fur Louis Goupy Marchand Mercier fut déclarée nulle ,
tortionnaire & déraifonnable ; ordonné que les chofes faifies confifquées feroient rendues ; à ce faire tous dépofitaires contraints par
corps ; la faifie faite d'Eau de Fleurs d'Orange, Eau Rofe, Eau de la
Reine d'Hongrie & Sirop de Capilaire, à la Requête defdits Merciers
fur les particuliers Gantiers, le 22 Mai 1711. fut déclarée bonne &
valable , & adjuger à cet égard les fins & conclufions prifes par lefdits Merciers en l'Inftance ; défenfes aufdits Gantiers de prendre les
qualités de Gardes , de Marchands & de Parfumeurs. A eux enjoint de
ne fe dire & nommer que les Jurés & Maîtres Gantiers ; défenfes leur
fuffent pareillement faites de faire venir de dehors & des Provinces ,
pour leurs comptes & en leurs noms des Parfums & autres Marchandifes, ni d'entreprendre en aucune maniere fur le commerce defdits
Merciers, à peine de mille livres de dommages & interêts pour cha-
que contravention ; & au furplus déboutant lefdits Jurés Gantiers de
toutes leurs fins & conclufions , adjuger aufdits Merciers celles qu'ils
ont

ont prifes en l'inftance, & condamner lefdits Jurés aux dépens, & en ceux de la demande. La Requête & demande defdits Jurés & Communauté des Marchands Gantiers-Parfumeurs, du 6 Mai 1713. à ce que lefdits Maîtres & Gardes de la Mercerie fuffent déclarés non-recevables en leurs oppofitions & demandes, en leur Requête & demande du premier Fevrier 1713. ce faifant ils y fuffent déclarés non-recevables, & condamnés aux dépens. Arrêt d'appointé en droit & joint du 9 Mai 1713. Fins de non-recevoir defdits Gantiers-Parfumeurs du 19 Mai ; avertiffement defdits Gantiers-Parfumeurs, du premier Décembre audit an ; productions defdits Maîtres Gardes de la Mercerie, & defdits Gantiers-Parfumeurs ; Contredits defdits Maîtres & Gardes de la Mercerie du 10 Juillet 1713. fervant de falvations & d'avertiffement ; falvations defdits de la Porte, Marlet & de Pont, & de ladite Communauté des Maîtres & Marchands Gantiers-Parfumeurs du 4 Décembre audit an, fervant de plus amples contredits ; falvations defdits Maîtres & Gardes de la Mercerie, du 10 Janvier 1714. fervant de réponfes. Arrêt du 19 Mai 1713. par lequel auroit été ordonné, que les qualités de l'Arrêt du 9 Mai feroient réformées, & que lefdits Jurés y feroient employés en qualité de Marchands Gantiers-Parfumeurs de cette ville, fans que lefdites qualités puiffent nuire ni préjudicier à aucunes des Parties. La Requête & demande defdits Maîtres & Gardes de la Mercerie du 13. Juillet 1713. à ce qu'en augmentant leurs conclufions portées par leur Requête du premier Février 1713. ils fuffent pareillement reçus oppofans à l'Arrêt du 23 Mai 1656. portant enregiftrement de prétendus Statuts obtenus par lefdits Gantiers aux articles ajoûtés & expliqués dans les écritures du 10 Juillet, & à l'Arrêt du 22 Février 1706. portant enregiftrement de la Déclaration du Roy du 12 Décembre 1705. 1°. De ce que dans les Articles I. II. III. & autres fuivans defdits Statuts, lefdits Gantiers prenoient la qualité de Maîtres & Garde de la marchandife de Ganterie. 2°. En ce que l'Article XXVII. defd. Statuts portoit que toutes marchandifes foraines dépendantes des marchandifes de Gantiers ne pourroient être vendues à aucuns dudit état, ni autres, qu'elles n'euffent été portées en la Chambre dudit état, & vifitées par les Jurés. 3°. En ce que l'Article XXVIII. defdits Statuts, portoit qu'il feroit payé aux Gardes & Jurés Gantiers, fix deniers tournois pour chacune douzaine de paires de Gants venant de dehors qu'ils vifiteroient : & quand à l'égard de la Déclaration de 1705. ils y fuffent reçus oppofans. 4°. En ce qu'elle donnoit la même qualité aufdits Gantiers ci-deffus de Maîtres & Marchands-Parfumeurs, & à leurs Jurés celle de Maîtres & Gardes. 5°. En ce que par l'Article

E

IV. de la déclaration, il étoit dit que les Marchands Gantiers pourroient vendre en détail leurs marchandifes de parfums, fans qu'il
y fût ajoûté qu'ils auroient fabriqué. 6°. En ce que par l'Article VII.
étoit ordonné que les Statuts des Gantiers feroient executés, faifant
droit fur l'oppofition ordonné que les I. II. III. XXVII. & XXVIII.
Articles defdits Statuts, & les qualités prifes par lefdits Gantiers de
Maîtres & Gardes & Parfumeurs ; enfemble les Articles IV. &
VII. & autres de ladite déclaration contraires aux droits defdits
Merciers feroient rayés & reformés fuivant les reftrictions & modifications expliquées & marquées par les contredits du 10 Juillet, fans
approbation du furplus contenu aufdits prétendus Statuts & Déclarations ; & en confequence leurs conclufions adjugées ; défenfes aufdits
Jurés-Gantiers de troubler lefdits Merciers dans leurs priviléges, facultés, droits, franchifes & immunités à eux accordés par les Statuts,
Edits, Déclarations & Arrêts, & au furplus lefdits Gantiers condamnés aux dépens, & qu'Acte leur fût donné de l'employ pour caufes
d'oppofitions, écritures & productions, fur laquelle Requête auroit
été mis fur la demande en droit & joint, & acte de l'employ. Production defdits Gantiers-Parfumeurs ; fommation de contredits par lefdits
Maîtres & Gardes de la Mercerie. Production nouvelle defdits Maîtres
& Gardes de la Mercerie par Requête du 10. Février 1714. Contredits defdits Marchands Gantiers-Parfumeurs du 16 Avril. La Requête
verbale faite au Châtelet par lefdits Rambault & Laydier & par lefdits
Gantiers-Parfumeurs, le 5 Mai 1713. à ce que lefdits Jurés Gantiers-
Parfumeurs fuffent reçus Parties intervenantes en l'Inftance pendante
en la Chambre de Police entre lefdits Maîtres & Gardes de la Mercerie & lefdits Rambault & Laydier faifant droit fur leur intervention ;
ordonné que les Statuts, Arrêts, Sentences & Réglemens donnés en
faveur de la Communauté des Marchands Gantiers-Parfumeurs feront exécutés, & fuivant iceux que toutes les marchandifes de Gants
& mitaines, pommades, pâtes, huiles, eaux de fenteurs, eau de fleurs
d'orange & autres qui feront envoyées & apportées par les Marchands
forains, foit de Provence ou d'ailleurs, feroient apportées & déchargées au Bureau des Maîtres & Marchands Gantiers-Parfumeurs, pour
y être vues & vifitées par les Jurés de ladite Communauté, loties &
vendues audit Bureau, entre les Maîtres & Marchands Gantiers-Parfumeurs, comme il étoit de tout tems pratiqué & obfervé, fans que
lefdits Maîtres & Marchands Merciers puffent les troubler, ni inquie-
ter fous quelque prétexte que ce fût, ni prétendre être admis au lot-
tiffement d'icelles : & en confequence que la faifie qui avoit été faite
entre lefdits Maîtres & Gardes des deux caiffons remplis de pomades

de fenteurs appartenants audit Rambault , & un caiffon auffi remp-
de fenteurs , appartenant audit Laydier , feroit déclarée nulle , injurieufe , tortionnaire & déraifonnable , ainfi que la vente qu'ils en
avoient fait faire en leur Bureau par le miniftere d'un Huiffier-Prifeur
avec dommages & interêts envers lefdits Rambault & Laydier , & la
Communauté defdits Marchands Gantiers-Parfumeurs , & qu'ils fe
roient condamnés à rendre & reftituer audit Rambault & Laydier la
fomme de trente livres neuf fols qu'ils avoient retenue & exigée fur le
prix de ladite vente , & en tous les dépens. La Requête & demande
defdits Maîtres & Gardes de la Mercerie , du 8 Mars 1714. aux fins
de faire affigner en notredite Cour lefdits Jurés-Gantiers & autres qu'il
appartiendroit , pour procéder fur la demande & conteftation énoncée
dans la Sentence de Police du 20 Février 1714. Ce faifant , voir dire
& ordonner que les Statuts defdits Merciers, l'Article XVI. d'iceux
& autres en dépendants , enfemble l'Arrêt rendu en conféquence
feroient exécutés felon leur forme & teneur : & en conféquence défenfes aufdits Gantiers de troubler lefdits Merciers dans leurs droits , priviléges & poffeffion , ni d'acheter & faire venir des Provinces de dehors de la Ville de Paris les marchandifes de parfums étrangers pour
les vendre en particulier ou lottir entr'eux ; & lefdits Gantiers-Parfumeurs condamnés aux dépens , même en ceux réfervés par ladite Sentence de Police. Exploit d'affignation donné en conféquence le 9
Mars 1714. Fins de non-recevoir & défenfes defdits Gantiers-Parfumeurs du 16 Mars 1714. La Requête d'intervention & demande defdits Gantiers-Parfumeurs du 19 Mars 1714. à ce que faifant droit fur
leur intervention , il fût ordonné que les Statuts , Arrêts & Sentences
de Réglemens , donnés en faveur des Marchands Gantiers-Parfumeurs de cette Ville , feroient exécutés , & fuivant iceux que toutes
les marchandifes de Gants & mitaines , pommades , pâtes , huiles de
fenteurs , eau de fleurs d'orange & autres concernant le métier de
Gantier-Parfumeur qui arriveroient en cette Ville de Paris , fero ent
déchargées & apportées au Bureau de la Communauté defdits Maîtres
Marchands Gantiers-Parfumeurs , pour y être vûes & vifitées par les
Jurés de ladite Communauté , lotties & vendues audit Bureau , entre
les Maîtres & Marchands Gantiers-Parfumeurs , comme il étoit de
tout tems pratiqué & obfervé , fans que lefdits Merciers puiffent les
troubler ni les inquiéter fous quelque prétexte que ce fût ; & pour
avoir mal-à-propos faifi les deux caiffons remplis de pommades de
fenteurs appartenans audit Rambault , & un caiffon auffi rempli de
pommade de fenteurs appartenant audit Laydier , lefdits Maîtres &
Gardes fuffent condamnés aux dommages & interêts de ladite Com-

munauté des Gantiers- Parfumeurs, & en tous les dépens. Arrêt du
21 Mars 1714. par lequel fur les conteftations qui étoient entre les
Parties pendantes au Châtelet, auroit été ordonné que les Parties procéderoient en notredite Cour, & pour faire droit fur lefdites demandes, enfemble fur celles formées en notredite Cour, les Parties auroient été appointées en droit & joint. Avertiffement defdits Maîtres
Marchands Gantiers-Parfumeurs du 24 Mars 1714. Production defdits Marchands Gantiers - Parfumeurs. Requête defdits Maîtres &
Gardes de la Mercerie du 11 Avril 1714. employée pour avertiffement,
écritures & productions ; contredits defdits Maîtres & Gardes de la
Mercerie & defdits Marchands Gantiers - Parfumeurs des 11 & 28
Mai 1714. Salvations defdits Gantiers-Parfumeurs du 21 Juin audit
an. La Requête verbale faite au Châtelet par lefdits Maîtres & Gardes
de la Mercerie du 25 Avril 1713. à ce que la faifie faite des deux
caiffons de pommades & effences le 11 Avril fur lefdits Rambault
& Laydier fût déclarée bonne & valable, avec confifcation, amende,
dommages, interêts & dépens. Défenfes aufdit Rambault & Laydier
de plus à l'avenir faire venir de pareilles marchandifes, à moins de les
faire venir au Bureau defdits Maîtres & Gardes de la Mercerie, & où
la vente defdites marchandifes faifies feroit ordonnée, ainfi qu'elle
avoit été ordonnée & jugée par la Sentence du 13 Avril ; qu'icelle
vente ne pourroit être faite qu'à des Marchands Merciers dudit Bureau
de la Mercerie, avec dépens. Requête préfentée au Lieutenant Général de Police par lefdits Rambault & Laydier, le 12 Avril 1713.
à ce qu'ils leur fût permis de faire affigner au lendemain en l'Hôtel
dudit Lieutenant de Police lefdits Maîtres & Gardes de la Mercerie,
pour voir dire & ordonner que la faifie qu'ils avoient mal-à-propos fait
faire fur lefdits Rambault & Laydier, de deux caiffons de pommades en queftion, le 10 dudit mois d'Avril, feroit déclarée nulle,
injurieufe, tortionnaire & déraifonnable ; ce faifant que main-levée
pure & fimple leur en feroit faite avec dommages, interêts & dépens ;
& en conféquence que les deux caiffons de pommades de fenteurs de
quarante livres chacun, appartenans audit Rambault, & celui de
vingt-deux livres de pommades appartenant audit Laydier, feroient
portés au Bureau de ladite Communauté des Marchands Gantiers-
Parfumeurs ; à ce faire lefdits Maîtres & Gardes des Merciers, & autres
Dépofitaires, contraints par corps ; quoi faifant déchargés : & pour
avoir par eux mal-à-propos fait la faifie defdits caiffons, de même
que des Gants en queftion, & en avoir retardé la vente & le retour def-
ditsRambault & Laydier, qu'ils feroient condamnés en leurs dommages & interêts, pour lefquels ils fe reftraignoient chacun à 200 liv.

La Requête verbale faite au Châtelet le 11 Mai 1713. par lesdits Rambault & Laydier, en ce que les Statuts & Réglemens de Police rendus en faveur de la Communauté des Maîtres Marchands Gantiers fussent exécutés, & suivant iceux que toutes les marchandises de Gants, mitaines, pommades, essences, senteurs, eaux de fleurs d'oranges & autres dudit métier, qui seroient envoyées ou apportées à Paris par les Marchands forains, seroient apportées & déchargées au Bureau desdits Gantiers, pour y être vues & visitées par lesdits Jurés, loties & vendues entr'eux, sans que lesdits Merciers les y puissent troubler, & en conséquence que la saisie par eux faite sur lesdits Rambault & Laydier de trois caissons de pommades de senteurs à eux appartenans, seroit déclarée nulle, avec dommages & interêts ; qu'ils seroient condamnés à rendre & restituer ausdits Rambault & Laydier la somme de 30 livres 9 sols, qu'ils avoient retenue sur le prix de la vente desdites marchandises, avec dépens. La Requête & demande desdits Maîtres & Gardes de la Mercerie, du 17 Mars 1714. aux fins de faire assigner en notredite Cour lesdits Rambault & Laydier, pour voir dire & ordonner que défenses leur seroient faites à l'avenir de faire venir de pareilles marchandises, qu'ils n'en donnent avis ausdits Maîtres & Gardes de la Mercerie, & ne les fissent conduire à leur Bureau, pour être par eux visitées en la maniere accoûtumée ; & que pour leurs contraventions, ils seroient condamnés en 300. livres de dommages & interêts envers lesdits Maîtres & Gardes, & en tous les dépens tant de la saisie, que de ceux qui seroient faits en notredite Cour sur ladite demande, sans préjudice ausdits Maîtres & Gardes à se pourvoir ainsi qu'il appartiendroit. Exploit d'assignation donné en conséquence le 19 Mars 1714. La Requête & demande desdits Rambault & Laydier, du 10 Avril 1714. à ce qu'en déboutant lesdits Maîtres & Gardes de la Mercerie de leur demande portée par leur Requête du 17 Mars audit an, avec dépens, la saisie faite à leur Requête sur Rambault & Laydier de deux caisses remplies de pommades de senteurs appartenant audit Rambault, & un caisson aussi appartenant audit Laydier, rempli de pommades de senteurs, le 10 Avril 1713. ensemble le Procès-verbal de vente desdites marchandises, des 22 & 26 dudit mois d'Avril, fût déclarée nulle. Défenses aux Merciers de plus à l'avenir les troubler dans le fait de leur commerce, & l'usage de porter, comme ils avoient toujours fait, les marchandises concernant l'état de Gantiers-Parfumeurs, qu'ils faisoient venir en cette Ville, au Bureau de la Communauté des Gantiers-Parfumeurs ; lesdits Merciers condamnés en leurs dommages & interêts soufferts & à souffrir, & leur rendre & restituer la somme de 30 livres 9 sols, qu'ils avoient retenue fur le prix de ladite vente ; lefdits Merciers condamnés en outre en tous les dépens, tant faits au Châtelet qu'en notredite Cour, & de ceux qui fe feroient en l'Inftance. Arrêt du 13 Avril 1714. par lequel fur les conteftations qui étoient entre les Parties en la Chambre de Police, auroit été ordonné qu'elles procéderoient en notredite Cour & fur icelle, enfemble fur les demandes refpectivement formées en notredite Cour, les Parties auroient été appointées en droit & joint. Requête defdits Maîtres & Gardes de Mercerie, Rambault & Laydier, des 20 & 21 Avril 1714. employée pour avertiffement, écritures & productions. Requête defdits Rambault & Laydier, du 18 Mai 1714. employée pour contredits. Sommations de contredits par lefdits Maîtres & Gardes. Production nouvelle defdits Marchands Gantiers-Parfumeurs par Requête du 14 Mai 1714. Contredits defdits Maîtres & Gardes de la Mercerie du 28 dudit mois de Mai. Salvations defdits Gantiers-Parfumeurs, du 21 Juin dudit an. Production nouvelle defdits Marchands Gantiers-Parfumeurs, par Requête du premier Décembre 1714. Contredits defdits Marchands Merciers, du 17 dudit mois de Décembre. Requête dudit Goupy du 22 Janvier 1713. employée pour contredits. Salvations defdits Gantiers-Parfumeurs, du 31 dudit mois de Décembre 1714. La Requête & demande defdits Maîtres & Gardes de la Mercerie, du 18 Mars 1715. à ce qu'en augmentant & rectifiant les conclufions qu'ils avoient ci-devant prifes, en tant que touchoit l'appel de la Sentence de Police du 19 Juin 1711. l'appellation & ce dont avoit été appellé, fût mis au néant; émendant, main-levée leur fût faite des chofes faifies fur ledit Goupy; défenfes fuffent faites aux Jurés Gantiers de troubler les Marchands Merciers dans le droit & poffeffion de vendre de la poudre à poudrer les cheveux, & d'avoir telle quantité d'amydon que bon leur fembleroit, mortiers, tamis & autres outils néceffaires pour rafiner, parfumer & enjoliver ladite poudre; comme auffi des bâtons pour dreffer & mettre en état les Gants que les Merciers auroient lavés & parfumés, & dont la vente leur étoit permife, même une pierre de liais pour faire mélange des parfums dont ils avoient auffi droit de faire commerce : & en outre défenfes fuffent faites aufdits Gantiers de venir en vifite ni entreprendre aucune vifite fur les Marchands Merciers, foit en leurs boutiques & magafins, foit fur leurs marchandifes, & conformément à leurs Statuts, en tant que touchoit l'appel de la Sentence de Police du 28 Juillet 1711. l'appellation & Sentence fuffent mifes au néant, en ce qu'elle faifoit main-levée de partie des marchandifes faifies, & pour les autres moyens expliqués dans leurs écritures : émendant il fut ordonné que lefdites marchandifes trouvées en contravention ; fçavoir, les éventails, houpes de foye, boëte de bois couverte de cuir doré, paquets de cire d'Efpagne, l'eftagnon où il y avoit de l'eau de fleur d'orange, les bouteilles d'eau de la Reine d'Hongrie faifies fur ledit de la Porte, houpes de foye, paquets de cire d'Efpagne, les boëtes tant de bois que couvertes de cuir, éventails, paquets de mouches, éponges, bouteilles remplies, tant d'eau de fleurs d'oranges que de firop de capillaire, & taffes de vermillon faifies fur ledit Marlet, les deux eftagnons de cuivre rouge pleins, l'un d'eau de fleurs d'oranges, & l'autre d'eau rofe, & les bouteilles d'eau de la Reine d'Hongrie & firop de Capillaire, faifis fur ledit de Pont, demeureroient entièrement confifqués au profit defdits Maîtres & Gardes de la Mercerie, avec amende, dommages & interêts, ainfi qu'il avoit été ordonné en partie par ladite Sentence : & en cas que notredite Cour fît difficulté d'ordonner la confifcation purement & fimplement, il fût ordonné que lefdites marchandifes faifies feroient vendues au Bureau de la Mercerie en la maniere accoûtumée ; & que défenfes fuffent faites aufdits particuliers Gantiers, & à tous autres Gantiers, de plus à l'avenir vendre ni expofer en vente de pareilles marchandifes fur plus grande peine : faifant droit fur la Requête defdits Maîtres Gardes de la Mercerie, des 1 Février & 13 Juillet 1713. ils fuffent reçus oppofans, en tant que befoin feroit, aux Status defdits Gantiers du mois d'Octobre 1656. & à l'Arrêt d'enregiftrement defdits Statuts du 23 Mai enfuivant ; enfemble ils fuffent reçus oppofans à l'Arrêt rendu par défaut contre eux le 4 Juillet 1689. comme auffi oppofans à l'Arrêt du 22. Février 1706. portant enregiftrement de la Déclaration du Roy du 12 Décembre 1705. aux chefs expliqués dans leurfdites Requêtes ; faifant droit fur lefdites oppofitions, il fût ordonné que les Articles I. II. III. XIX. XXI. XXVII. XXVIII. XXIX. & XXXI. defdits Statuts, & les qualités par eux prifes de Marchands & Maîtres & Gardes ; enfemble les Articles IV. & VII. de ladite Déclaration, feroient rayés & réformés ; & en conféquence, 1°. défenfes fuffent faites aufdits Gantiers de prendre la qualité de Marchands & de Parfumeurs, ni de donner à leurs Jurés les noms & qualités de Maîtres & Gardes ; à eux enjoint de ne fe dire & nommer que Jurés & Maîtres Gantiers. 2°. Défenfes leur fuffent pareillement faites de faire venir de dehors ou des Provinces, pour leur compte & en leurs noms, acheter, vendre ni débiter parfums ni autres marchandifes foraines, en quelque efpece que ce fût. 3°. Défenfes leur fuffent faites de faire venir à leur Chambre des marchandifes foraines pour être vifitées & loties entr'eux, ni d'exercer aucuns droits de vifite fur icelles en quelque maniere que ce fûr. 4°. Défenfes leur fuffent auffi faites de vendre & débiter defdits parfums & marchandifes de Ganterie, autres que les ouvrages defdites efpeces qu'ils avoient faits, fait fabriquer & compofer en leurs maifons, par eux, leurs ferviteurs & domeftiques. 5°. Défenfes leur fuffent faites d'entreprendre fur le commerce defdits Merciers & des Marchands Merciers, ni de les y troubler, à peine de dépens, dommages & interêts; & à l'égard de la demande formée, tant contre lefdits Rambault & Laydier, que contre lefdits Jurés Gantiers, par Requêtes & Exploits des 8. 9. 17. & 19. Mars 1714. défenfes fuffent faites aufdits Rambault & Laydier d'amener aucunes marchandifes foraines en cette Ville de Paris, finon aux lieux & aux tems ordinaires des Foires, pour y être par eux vendues, & préalablement vifitées par lefdits Maîtres & Gardes; & en cas qu'ils en amenent hors ledit tems, ils feroient tenus de les faire defcendre au Bureau defdits Marchands Merciers, fuivant les Articles XVIII. & XIX. des Statuts dudit Corps; & pour la contravention par eux commife ils fuffent condamnés en 300. livres de dommages & interêts, & aux dépens à leur égard; & au furplus, fans s'arrêter à tout ce qui avoit été dit de la part defd. Jurés & Gantiers, & en les déboutant de toutes leurs Requêtes, demandes, fins & conclufions, lefdits Maîtres & Gardes, & les Marchands Merciers fuffent maintenus dans les droits, facultés, prérogatives, franchifes & immunités où ils étoient de tout tems de faire leur commerce de toutes leurs Marchandifes du fait de la Mercerie, à l'exclufion defdits Gantiers qui n'étoient que des Artifans, conformément aux Statuts des Merciers, & aux Arrêts & Réglemens rendus en conféquence, lefdits Gantiers de la Porte, Marlet & de Pont, condamnés en tous les dépens, tant des caufes principales que d'appel & demande, chacun à leur égard; & qu'acte leur fût donné de l'employ pour écritures & productions fur ladite demande, fur laquelle Requête auroit été mis fur la demande en droit & joint, & acte de l'employ. Requête defdits Rambault & Laydier, du 18 Juin 1715. employée pour défenfes, écritures & productions. Sommation de défendre & produire par lefdits Gantiers. Sommation générale de fatisfaire par toutes les Parties à tous les Réglemens de l'Inftance. Conclufions de notre Procureur Général: Tout joint & confidéré, NOTRE-DITE COUR faifant droit fur le tout, fans s'arrêter à la Requête defdits Jurés & Communauté des Maîtres Gantiers-Parfumeurs du 26 Juillet 1712. fur les appellations interjettées, tant par ledit Goupy, que par les Maîtres & Gardes de la Communauté des Marchands Merciers de cette Ville de Paris, des Sentences des 9 Juin & 28 Juillet 1711. a mis lefdites appellations au néant; ordonne que ce dont a été

appellé,

appelle , fortira effet ; & néanmoins feront les marchandifes &
uftenciles faifies fur ledit Goupy , vendues à la diligence defdits
Jurés & Communauté des Maîtres Gantiers - Parfumeurs, en leur
Bureau, en préfence dudit Goupy, ou lui dùement appellé, & le
prix en provenant rendu audit Goupy ; & en conféquence fur la
Demande defdits Maîtres & Gardes des Marchands Merciers , portée
par leur Requête du 18 Janvier 1712. a mis les Parties hors de Cour,
déboute lefdits Maîtres & Gardes des Marchands Merciers des Demandes par eux formées contre lefdits Rambault & Laydier : déclare les
faifies faites fur lefdits Rambault & Laydier, le 10 Avril 1713. & les
Procès-verbaux de vente des marchandifes faifies des 22 & 26 dudit
mois d'Avril, nuls ; fait main-levée defdites faifies, condamne lefdits
Maîtres & Gardes des Marchands Merciers à rendre & reftituer aufdits
Rambault & Laydier la fomme de 30 livres 9 fols qu'ils ont retenue
fur le prix defdites marchandifes, & aux dommages & interêts defdits
Rambault & Laydier , réfultans defdites faifies & ventes que la Cour
a liquidées à 100 liv. fait défenfes aufdits Maîtres & Gardes des Marchands Merciers de troubler lefdits Rambault & Laydier dans leur
commerce & ufage de porter les Marchandifes concernant l'état de
Gantiers-Parfumeurs, qu'ils font venir en cette Ville de Paris , au
Bureau des Maîtres Gantiers-Parfumeurs ; condamne lefdits Goupy
& les Maîtres & Gardes des Marchands Merciers ès amendes de 12
livres & en tous les dépens, chacun à leur égard defdites appellations
& demandes ; & avant faire droit fur les oppofitions formées par lefdits Maîtres & Gardes des Marchands Merciers à l'exécution des
Arrêts des 23 Mai 1656. 4 Juillet 1689. & 22 Février 1706. & fur
le furplus des demandes, fins & conclufions des Parties , ordonne
que l'Inftance fera communiquée au Lieutenant Général de Police
& au Subftitut du Procureur Général du Roy au Châtelet de Paris , pour donner leur avis fur lefdites oppofitions & demandes ,
pour ledit avis rapporté être ordonné ce qu'il appartiendra : cependant, par provifion, feront les Statuts des Gantiers du 18 Mars
1656. & la Déclaration du Roy du 12 Décembre 1705. exécutés ,
dépens pour ce regard réfervés. Si te mandons , à la Requête des
Jurés & Communauté des Maîtres & Marchands Gantiers - Parfumeurs , mettre le préfent Arrêt à due & entiere exécution , & en
conféquence d'icelui faire tous Exploits requis & néceffaires : de ce
faire te donnons pouvoir. DONNE' en notredite Cour de Parlement,
le 9 Juillet, l'an de grace 1715. & de notre Regne le foixante-
treize. Collationné par la Chambre. *Signé*, GUYHOU, avec Grille
& Paraphe. Et fcellé le 27 Juillet 1715. *Signé*, ARSON, avec Paraphe.

F.

Cet Arrêt a été obtenu à la poursuite & diligence des sieurs
RENOUARD, BESNARD, LOBREAU & OLIVIER, Jurés Maîtres
& Gardes en Charge de la Communauté des Maîtres & Marchands
Gantiers-Parfumeurs en l'année 1715. accompagnés du sieur
PAUL DE LA PORTE Syndic, & du sieur MARY Ancien
de ladite Communauté.

SENTENCE DE POLICE,

Du Mardy 25 Avril 1724.

*Rendue contradictoirement contre la Communauté des Maîtres Peaussiers,
qui fait main levée des saisies faites par eux, sur les sieurs Bachelier
& Bouloc, Marchand Gantiers - Parfumeurs, qui maintient la
Communauté des Marchands Gantiers-Parfumeurs dans l'achat de
toutes sortes de Cuirs, parés & non parés, propres à leur Profession, & fait défenses ausdits Maîtres Peaussiers de les y troubler.*

A Tous ceux qui ces présentes Lettres verront : Gabriel-Jerôme
de Bullion, Chevalier, Comte d'Eclimont, Mestre de Camp
du Régiment de Provence Infanterie, Conseiller du Roy en ses
Conseils, Prevôt de Paris, Salut. Sçavoir faisons, que sur la Requête faite en Jugement devant Nous en la Chambre de Police du
Châtelet de Paris par Me Roch Hubert, Procureur de François
Bachelier, Maître & Marchand Gantier - Parfumeur à Paris, Défendeur à la saisie sur lui faite par les Jurés - Peaussiers ci-après nommés,
de sept douzaines de peaux, moins une peau, dont quatre de chévre & trois de bouc ; le tout passé en huile, que ledit Bachelier a
achetés au Bureau de la Halle aux Cuirs, sise rue du Boulloy, du
sieur Cheron, Marchand Mercier, suivant l'Exploit du 2 Juin 1723.
& ledit Hubert Procureur de Girault Soudrier dit Bouloc, aussi Maître
& Marchand Gantier - Parfumeur, Défendeur à la saisie sur lui faite
de sept cent peaux d'agneaux, passées en mégie, non parées, ni
travaillées du métier de Peaussier, par lui achetées audit Bureau des
Cuirs, du nommé Jean-François Maître Megissier à Paris, à laquelle
saisie lesdits Jurés Peaussiers ont établi pour gardien le nommé Lemaire, Clerc de leur Communauté, & lesdits Bachelier & Bouloc
incidemment Demandeurs, suivant les Moyens signifiés de la part

dudit Bachelier, le 17 Juin, & fuivant autres Moyens fignifiés le 10 Février 1724. tendant à ce que main-levée lui foit faite defdites faifies, avec dépens, affiftés de M.º Pillon leur Avocat, contre M.º Jean Bonnefoy, Procureur des Jurés de la Communauté des Maîtres Peauffiers-Teinturiers en Cuirs, faififfans fur ledit Bachelier, comme ayant acheté lefdits fept douzaines moins une peau de chévre & de bouc, fur ledit Cheron Marchand Mercier, pour les avoir vendues audit Bachelier; le tout fuivant l'Exploit de Chaplon, Huiffier à Verge en cette Cour, du 2 Juin 1723. & auffi lefdits Jurés Peauffiers faififfans fur ledit François, Megiffier, vendeur, & fur ledit Bouloc, Gantier, acheteur; lefdites fept cent peaux d'agneaux paffées en mégie, fuivant autre Exploit de faifie du 2 Juin, & encore lefdits Jurés Peauffiers Demandeurs aux fins de la Requête verbale, fignifiée le 14 Juin 1723. dans laquelle ils ont foûtenu qu'il n'y a que les Peauffiers qui puiffent, aux termes de leurs Statuts, acheter aux Halles & au Bureau des Cuirs, les peaux & cuirs des Forains pour les vendre après qu'ils les auront travaillés de leur métier de Peauffier; ladite Requête contenant demande à ce que la faifie defdites fept douzaines moins une peau de chévre & bouc, foit déclarée valable, qu'elles feront confifquées à leur profit; que défenfes feront faites à Bachelier d'acheter & à Cheron de vendre, fous telles peines qu'il appartiendra, avec dommages, interêts & dépens; & encore lefdits Jurés Peauffiers Demandeurs aux fins de la Requête verbale, fignifiée le 26 Août 1723. tendante à ce qu'en infirmant l'avis du Procureur du Roy du 3 Août, la faifie faite, tant fur Bachelier Gantier & fur Cheron Marchand Mercier, fera déclarée valable, & les chofes faifies confifquées à leur profit, avec amende & dépens; lefdits Jurés & Peauffiers affiftés de M.º Frouard leur Avocat; & encore led. Hubert Procureur des Jurés Maîtres Gardes de la Communauté des Maîtres & Marchands Gantiers-Parfumeurs de cette Ville de Paris, intervenant en l'inftance d'entre lefdits Jurés Peauffiers & lefdits Bachelier & Bouloc Maîtres & Marchands Gantiers-Parfumeurs, fur les faifies fur eux faites, fuivant la Requête verbale fignifiée le 13 Janvier 1724. tendante à ce qu'il foit dit que les Maîtres & Marchands Gantiers-Parfumeurs feront maintenus & gardés en la poffeffion immémoriale en laquelle ils font d'acheter à la Halle ou au petit Bureau des cuirs de cette Ville, toutes fortes de peaux de boucs, chevres, chevreaux, élans, cerfs, chevreuils, chamois, daims, chiens, moutons, agneaux, caftors, & toutes autres fortes de peaux paffées en huile, mégie ou autre maniere pour la fabrique des Gants, Mitaines & autres ouvrages dudit état de Gantiers-Parfumeurs, & de les enlever chez-eux, & les employer, avec défenses aux Peaussiers de les y troubler, sous quelque prétexte que ce soit ; & qu'en conséquence que main-levée seroit faite desdites saisies avec dommages, interêts & dépens, assistés dudit Maître Pillon leur Avocat, contre ledit Maître Bonnefoy Procureur desdits Jurés-Peaussiers saisissans, Défendeurs à ladite Requête ; Mathurin Cottin Procureur dudit Jean François Maître & Marchand Megissier de cette Ville, Défendeur à la saisie sur lui faite & sur ledit Gantier desdites sept cent peaux d'agneaux passées en mégie non parées, ni travaillées du métier de Peaussier, par lui vendues audit Bouloc au Bureau des cuirs, suivant l'Exploit du 2 Juin dernier, & demandant en nullité de ladite saisie & en main-levée d'icelle avec dommages-interêts, attendu qu'il a vendu lesdites peaux audit Bureau, & qu'il n'est point obligé de les parer ni travailler, & que défenses soient faites aux Jurés-Peaussiers de faire pareille saisie, sur plus grande peine, assisté de Me Collombeau son Avocat, & Maître d'Hauteville Procureur de Blaise-Jean-Bap. Cheron Md Mercier à Paris, Défendeur à la saisie sur lui faite des Marchandises par lui vendues à Bachelier Gantier, par Exploit du 2 Juin dernier, & Demandeur aux fins de la Requête verbale signifiée le 19 Août 1723. afin de main-levée de la saisie desdites Marchandises, & qu'elles seront rendues audit Bachelier Marchand Gantier, & Défendeur à la Requête verbale à lui signifiée de la part des Peaussiers, le 26 Août, ledit Cheron assisté de Maître Sandrier son Avocat. Parties ouies ; ensemble Noble-homme Maître Barbery de Saint-Contest, Conseiller, Avocat du Roy en cette Cour, en ses Conclusions, sans que les qualités puissent nuire ni préjudicier ; nous avons les saisies en question ; faites par les Parties de Frouard, déclarées nulles, faisons main-levée d'icelles : ce faisant ordonnons que les choses saisies seront rendues aux Parties saisies, à ce faire tous Gardiens contraints même par corps ; à cet effet recevons les Jurés-Gantiers Parties intervenantes : en conséquence disons que les Parties de Pillon seront maintenues dans le droit d'acheter à la Halle tous les cuirs convenables & nécessaires à leur profession : faisons défenses aux Parties de Frouard de les y troubler, & condamnons les Parties de Frouard aux dépens envers toutes les Parties, ce qui sera executé nonobstant & sans préjudice de l'appel ; en témoin de quoi Nous avons fait sceller ces présentes qui furent faites & données par Messire Nicolas-Jean-Baptiste Ravot Chevalier, Seigneur d'Ombreval, Conseiller du Roy en ses Conseils, Maître des Requêtes ordinaire de son Hôtel , Lieutenant Général de Police au Châtelet de Paris , tenant le Siége le Mardy 2 5 Avril 1724. *Signé* , TARDIVEAU. Collationné , HUBERT. CAQUET , Greffier.

Scellé le 3 Mai 1723. *Signé* , BOYARD , signifié à Maître Bonnefoy, Cottin & d'Hauteville , le 4 Mai 1724. *Signé* , SEVOLLET.

ARREST DE LA COUR DE PARLEMENT ,
Du 18 Mai 1726.

Qui fait défenses aux Maîtres Barbiers-Perruquiers Baigneurs Etuvistes, de vendre & débiter dans leurs Boutiques ni ailleurs , aucunes Poudres Pommades , Essences , Savonnettes , & autres Marchandises dépendantes du Commerce des Marchands Gantiers-Parfumeurs , sous peine de trois cent livres d'amende.

LOUIS, PAR LA GRACE DE DIEU ROY DE FRANCE ET DE NAVARRE : Au premier des Huissiers de notre Cour de Parlement , ou autre Huissier ou Sergent sur ce requis ; Sçavoir faisons , qu'entre Antoine Verdeil , Pierre Laruet , Pierre Marchand & Guillaume Chevalier , Maîtres & Gardes de la Communauté des Maîtres Marchands Gantiers-Parfumeurs de cette Ville de Paris , Demandeurs aux fins de Requête , Exploit des 17 & 18 Juillet 1719. & Défendeurs d'une part ; & les Jurés & Communauté des Maîtres Barbiers-Perruquiers de ladite Ville de Paris , Défendeurs & Demandeurs en Requête d'opposition du 7 Février 1722. d'une part ; & entre lesdits Maîtres & Gardes de la Communauté desdits Gantiers, Demandeur en Requête du 15 Avril 1723. d'une part ; & lesdits Jurés de ladite Communauté des Barbiers-Perruquiers, Défendeurs, d'autre part ; & entre lesdits Jurés desdits Maîtres Barbiers & Perruquiers, Demandeurs en autre Requête du 4 Août audit an 1723. d'une part ; & ledit Verdeil & Consorts , Maîtres & Gardes desdits Gantiers , Défendeurs d'autre part. VU PAR LA COUR la Requête desdits Verdeil & Consorts ès noms , du 17 Juillet 1719. à ce qu'il leur fût permis de faire assigner en la Cour lesdits Jurés & Communauté desdits Maîtres Barbiers-Perruquiers à Paris , pour voir & dire que lesdits Verdeil & Consorts èsdits noms auroient acte de l'opposition qu'ils formoient par ladite Requête à l'Arrêt du 7 Septembre 1718. portant enregistrement des Statuts desdits Barbiers &

Perruquiers, du 26 Avril 1718. en ce que par l'Article LX. d'iceux la fabrication & vente étoit permise ausdits Barbiers & Perruquiers des marchandises de Poudres, Opiat pour les dents, Savonnettes, Pommades, & autres senteurs, Essences, Pâtes à laver les mains, & généralement tout ce qui étoit propre pour l'ornement, propreté & & netteté du corps humain : ce faisant, voir dire & ordonner que lesdits Maîtres & Gardes & Communauté desdits Maîtres Marchands Gantiers seroient reçus opposans audit Arrêt d'enregistrement, en ce qui regarde ledit Article LX. desdits Statuts ; faisant droit sur ladite opposition, il fût ordonné que la Déclaration du Roy du 12 Décembre 1705. verifiée en Parlement le 22 Février 1706. seroit exécutée ; en conséquence que lesdits Gantiers-Parfumeurs seroient maintenus & gardés dans le droit de faire seuls la fabrication & façon des Marchandises de Gants, Mitaines, Pomades, Huiles de senteurs, Essences, Quintessences, Poudres & Savonnettes, Opiat & autres marchandises de parfums dépendantes dudit état desdits Maîtres Marchands Gantiers-Parfumeurs, comme à eux seuls appartenant, & leur étant réservée la fabrication & façon desdites marchandises, & que tout autre que les Maîtres de ladite Communauté & Marchands Merciers ne pourront vendre en détail lesdites marchandises ; défenses fussent faites aux Barbiers-Perruquiers de plus à l'avenir entreprendre sur l'état & profession de Gantiers-Parfumeurs ; comme aussi de mettre en étalage sur leurs Boutiques aucunes Marchandises dépendantes dudit état de Gantiers - Parfumeurs, à peine de confiscation & de 300 livres d'amende ; sçavoir 100 livres au Roy, 100 livres au Dénonciateur, & 100 livres à ladite Communauté des Marchands Gantiers ; & pour l'avoir fait, ils fussent condamnés aux dommages & interêts & aux dépens envers ladite Communauté desdits Marchands Gantiers-Parfumeurs. Exploit du 18 des mêmes mois & an, d'assignation donnée en conséquence ausdits Jurés & Communauté des Barbiers, pour procéder en la Cour aux fins de ladite Requête. Requête desdits Barbiers & Perruquiers, du 7 Février 1720. à ce qu'ils fussent reçus opposans à l'exécution de l'Arrêt par défaut obtenu par ladite Communauté des Gantiers-Parfumeurs le 18 Janvier précédent, faisant droit sur l'opposition, la procédure fût déclarée nulle avec dépens ; fins de non-recevoir & défenses de ladite Communauté des Maîtres Barbiers-Perruquiers-Baigneurs-Etuvistes, du 19 Février 1720. Arrêt du 12 Avril audit an d'appointé en droit sur lesdites demandes & défenses ; Avertissement desdits Gantiers-Parfumeurs, du 10 Décembre de la même année ; Productions des Parties ; celle desdits Perruquiers par Requête du 17 Mai 1721. aussi employée pour avertissement ; Requête defdits Gantiers-Parfumeurs, du 28 du même mois employée pour contredits ; addition d'avertiffement defdits Barbiers Perruquiers, du 7 Mai 1722. fervant auffi de contredits contre la production defdits Gantiers-Parfumeurs ; productions nouvelles defdits Barbiers-Perruquiers par Requête des 8 & 30 Janvier 1723. contredits contre icelles defdits Gantiers-Parfumeurs, du 21 Avril audit an, fervant auffi de falvations ; falvations defdits Barbiers-Perruquiers, du 2 Août enfuivant ; Requête & demande defdits Gantiers-Parfumeurs, du 15 Avril 1723. à ce qu'en tant que befoin étoit ou feroit, ils fuffent reçus oppofans aux Arrêts d'enregiftrement, tant de la Déclaration du 14 Décembre 1673. que des Statuts du 14 Mars 1674. lefdits Arrêts en date des 17 Août 1674. en ce qu'il étoit permis aufdits Barbiers-Perruquiers de faire des Savonnetes, Poudres, Opiats, Effences, Quinteffences, & par l'Article XXVIII. des Statuts d'en faire & vendre : faifant droit fur ladite oppofition, les fins & conclufions que lefdits Gantiers-Parfumeurs avoient prifes en l'Inftance, leur fuffent adjugées, & lefdits Barbiers-Perruquiers fuffent condamnés aux dépens ; au bas de laquelle Requête auffi employée pour avertiffement, écritures & procédures fur ladite demande, eft l'Ordonnance de la Cour qui regle en droit, & joint ce droit, & donne celle de l'employ y porté. Requête defdits Barbiers-Perruquiers, du 3 Août 1723. employée pour avertiffement, écritures & productions, & pour contredits, fuivant ladite Ordonnance. Requête en demande defdits Barbiers-Perruquiers, du 4 Août 1723. à ce qu'en tant que befoin étoit ou feroit, ils fuffent reçus oppofans à l'Arrêt d'enregiftrement de la Déclaration du 12 Décembre 1705. portant Réglement pour la Communauté des Maîtres Gantiers-Parfumeurs, en ce que par l'Article V. de ladite Déclaration étoit fait défenfe à autres que les Maîtres de la Communauté des Marchands Gantiers, de vendre des Pomades, Huiles de fenteurs, Effences, Quinteffences, Poudres & Savonnettes ; faifant droit fur ladite oppofition, il fût ordonné que fans s'arrêter à l'oppofition formée par les Maîtres de la Communauté des Gantiers à l'enregiftrement des Statuts de la Communauté des Maîtres Barbiers-Perruquiers-Etuviftes, du 26. Avril 1718. lefdits Statuts feroient exécutés felon leur forme & teneur ; & au furplus les conclufions que lefdits Barbiers-Perruquiers auroient prifes en l'Inftance, leur fuffent adjugées avec dépens ; au bas de laquelle Requête auffi employée pour écritures & production fur ladite demande, eft l'Ordonnance de la Cour, qui la regle en droit & joint, & donne acte de l'employ. Avertiffement defdits Gantiers-Parfumeurs, du 17 Janvier 1724. & leur Requête du 21 du même mois, employée pour

écritures & production , suivant ladite Ordonnance. Contredits defdits Barbiers , du 24 Juillet 1724. servans aussi de repliques à leur
Mémoire imprimé , signifié le 27 dudit mois. Requêtes desdits sieurs
Syndic & Gardes de ladite Communauté des Maîtres Barbiers-Perru-
quiers-Baigneurs-Estuvistes , des 4 Août 1724. & 10 Avril 1725.
employées pour addition de contredits & réponses aux écritures desdits
Gantiers. Production nouvelle desd. Barbiers par Requête du 21 Avril
1725. sommation faite ausdits Gantiers-Parfumeurs de la contredire.
Arrêt intervenu sur productions respectives des Parties , le 23 Avril
1725. par lequel auroit été ordonné avant faire droit , que l'Instance seroit communiquée au Lieutenant Général de Police , & au Substitut du
Procureur Général du Roy au Châtelet , pour donner leur avis sur les
demandes & prétentions respectives des Parties , pour ce fait & leur
avis rapporté & communiqué au Procureur Général du Roy , être
ordonné ce que de raison , dépens réservés. Production nouvelle
desdits Gantiers-Parfumeurs , par Requête du 19. Mars 1726. contenant aussi demande , à ce qu'en leur adjugeant les conclusions qu'ils
avoient prises en ladite Instance , la Communauté desdits Maîtres
Barbiers-Perruquiers fût condamnée en tous les dépens , même en
ceux réservés par ledit Arrêt du 23 Avril 1725. au bas de laquelle
Requête est l'Ordonnance de la Cour , qui reçoit ladite production
nouvelle , & au surplus se réserve à y faire droit en jugeant. Production nouvelle desdits Barbiers-Perruquiers , par Requête du 8 Avril
1726. ladite Requête aussi employée pour contredits contre la production nouvelle du 19 Mars audit an. Contredits desdits Gantiers-
Parfumeurs , du 16 du présent mois de Mai , contre la production
nouvelle du 8 Avril , servant aussi de salvations & contredits. Conclusions du Procureur Général du Roy ; sommation générale de satisfaire
à tous les Réglemens de l'Instance : tout joint & consideré , NOTRE-
DITE COUR faisant droit sur le tout , sans s'arrêter à l'opposition
formée par la Communauté des Barbiers-Perruquiers à l'Arrêt de la
Cour du 22. Février 1706. portant enregistrement de la Déclaration
du Roy du 12 Décembre 1705. dont ils sont déboutés , ayant égard à
l'opposition formée par les Maîtres & Gardes de la Communauté des
Maîtres Gantiers Parfumeurs aux Arrêts de la Cour du 17 Août 1674.
& 28 Avril 1718. portant enregistrement des Statuts & Lettres-Paten-
tes du Roy obtenues par la Communauté des Barbiers-Perruquiers ,
les 14 Mars 1674. & 28 Avril 1718. en ce que par l'Article XXVIII.
desdits Statuts du 14 Mars 1674. & par l'Article LX. des Statuts du
28 Avril 1718. il a été permis aux Barbiers-Perruquiers de vendre &
débiter dans leurs boutiques des Poudres & Opiat pour les dents , des
Savonnettes,

ſavonnettes, pomades, & autres ſenteurs & eſſences, & des pâtes à laver les mains, & généralement tout ce qui eſt propre a l'ornement & propreté du corps humain ; & faiſant droit ſur ladite oppoſition & ſur les demandes reſpectives deſdits Gantiers-Parfumeurs, & deſdits Barbiers-Perruquiers, Parties, par leurs Requêtes & Exploits des 17 & 18 Juillet 1719. 15 Avril, 3 & 4 Août 1723. a maintenu & gardé leſdits Maîtres Gantiers-Parfumeurs dans le droit de faire ſeuls la fabrication & façon des marchandiſes de Gants & Mitaines, pâtes, huiles de ſenteurs, eſſences, quinteſſences, poudres, ſavonnettes, & autres marchandiſes & parfums dépendans dudit état des Gantiers & Parfumeurs, & de vendre & débiter au Public leſdites marchandiſes ; permet aux Barbiers-Perruquiers de faire fabriquer chez eux des poudres, ſavonnettes, opiats, eſſences, quinteſſences, pâtes à laver les mains, pâtes de ſenteurs, & autres parfums propres & convenables pour l'ornement, propreté & netteté du corps humain, pour leur uſage particulier ſeulement, & pour être employés & conſommés dans leurs Boutiques & Maiſons, ſans qu'il leur ſoit permis d'en pouvoir vendre & débiter à aucun Maître Barbier-Perruquier, ni aucune autre perſonne, pour quelque cauſe & ſous quelque prétexte que ce ſoit, ni même d'en faire étalage à leur boutique & enſeigne, à peine de confiſcation, & de 300 livres d'amende ; & à la charge que nul deſdits Maîtres Barbiers-Perruquiers ne pourra faire façonner & fabriquer leſdites poudres, ſavonnettes, opiat, pâtes, eſſences, & autres marchandiſes de parfums, s'il ne fait un exercice ouvert & actuel de la profeſſion de Barbier-Perruquier : ſur le ſurplus des demandes, fins & concluſions des Parties, les a mis hors de Cour & de Procès ; condamne leſdits Jurés & Communauté des Maîtres Barbiers & Perruquiers en la moitié des dépens, l'autre moitié compenſée. SI MANDONS mettre le préſent Arrêt à exécution : de ce faire donnons pouvoir. DONNE' en notre Cour de Parlement, le 18 Mai, l'an de grace 1726. & de notre Regne le onziéme. Par la Chambre, YSABEAU.

Collationné, D'HAUTEVILLE.

Signifié, & baillé copie du préſent Arrêt à la Communauté des Maîtres Barbiers-Perruquiers de Paris, le 17 Juin 1726.

Ledit Arrêt a été rendu à la pourſuite & diligence des ſieurs Gregoire Syndic, Cholet & Lamotte, tous Maîtres & Gardes en Charge.

G

SENTENCE DE POLICE

Du Vendredy 4 Février 1729.

Qui déclare la saisie valable faite sur Jean-Baptiste de la Baune, Maître Peaussier, de deux douzaines de paires de Gants de Daim, lui faisant défense de récidiver, & le condamne en 10 livres de dommages - interêts, 10 livres d'amende, & en tous les dépens.

A TOUS ceux qui ces présentes Lettres verront : Gabriel-Jerôme de Bullion, Chevalier, Comte d'Esclimont, Conseiller du Roy en ses Conseils, Prevôt de Paris ; Salut. Sçavoir faisons, que sur la Requête faite en Jugement devant Nous en la Chambre de Police du Châtelet de Paris, par Maître Armand Regnard J. Procureur des sieurs Syndic & Gardes de la Communauté des Marchands Gantiers-Parfumeurs de cette Ville de Paris, Demandeurs suivant l'Exploit du 16 Janvier dernier, fait par Chardin Huissier à cheval en cette Cour, controllé & présenté, tendant à ce que la saisie faite sur le ci-après nommé, de 2 douzaines de paires de Gants de peau de Daim, fût déclarée bonne & valable, icelles confisquées au profit des Demandeurs ; défenses de récidiver, dommages - interêts & dépens contre Maître Bonnefoy Procureur de Jean-Baptiste de la Baune, Marchand Peaussier à Paris, vendant sans titre ni qualité, Défendeur à l'Exploit susdaté ; Parties ouies, Nous avons la saisie faite sur la Partie de Bonnefoy, de deux douzaines de paires de Gants de peau de Daim, déclarée bonne & valable ; ce faisant, avons lesdits Gants confisqués au profit des Parties de Regnard : faisons défenses à ladite Partie de Bonnefoy de récidiver, la condamnons en 10 livres de dommages-interêts, 10 liv. d'amende, & en tous les dépens, ce qui sera exécuté sans préjudice de l'appel. En témoin de ce, nous avons fait sceller ces présentes. Ce fut fait & donné par Messire René Herault, Seigneur de Fontaine-l'Abbé, Conseiller du Roy en ses Conseils d'Etat & Privé, Lieutenant Général de Police de la Ville, Prevôté & Vicomté de Paris, tenant le Siége le Vendredy 4 Février 1729. Collationné, TARDIVEAU. Scellé, DOYARD.

SENTENCES DE POLICE

Du Vendredy 8 Avril & 22 Juillet 1729.

Qui déclarent la saisie valable, faite sur Simon-Paul Prevôt, Maître Bourfier, de trente-cinq paire de Gants, lui faifant défenfes de récidiver fous plus grande peine, & le condamnent en 20 livres de dommages-interêts, 10 livres d'amende & aux dépens.

A TOUS ceux qui ces préfentes Lettres verront : Gabriel-Jerôme de Bullion, Chevalier, Comte d'Efclimont, Confeiller du Roy en fes Confeils, Prevôt de Paris ; Salut. Sçavoir faifons, que fur la Requête faite en Jugement devant Nous en la Chambre de Police au Châtelet de Paris, par Maître Armand Regnard J. Procureur des Maîtres & Gardes de la Communauté des Maîtres & Marchands Gantiers-Parfumeurs de la Ville & Fauxbourgs de Paris, Demandeurs aux fins de leur Exploit contenant faifie du 19 Janvier dernier, faite en vertu de notre Ordonnance du 13 Octobre précédent, par Chardin Huiffier à cheval en cette Cour & Prevôté, à ce que la faifie faite fur le ci-après nommé, à la Requête des Demandeurs, de trente-cinq paires de Gants qu'il vendoit & débitoit chez lui, fans titre ni qualité, fuivant qu'il eft établi par le Procès-verbal qui en a été dreffé par Maître de la Jarrie, Commiffaire au Châtelet, ledit jour 19 Janvier dernier, fût déclarée bonne & valable, en conféquence lefdites marchandifes faifies confifquées au profit des Demandeurs, avec dépens, dommages & interêts ; & pour la contravention aux Statuts & Réglemens de la Communauté des Demandeurs, condamné en telle amende qu'il plairoit arbitrer, avec défenfes de plus récidiver à l'avenir fous plus grande peine, affifté de Maître Duret leur Avocat, contre Maître Letourneau, Procureur de Simon-Paul Prevôt, Marchand Maître Bourfier à Paris, Défendeur défaillant. Oui ledit Maître Duret en fon Plaidoyer, & par vertu dudit défaut de Nous donné contre ledit Maître Létourneau audit nom non comparant, ni autre pour lui dùement appellé ; lecture faite des Procès-verbaux &

G ij

affignation fufdatés & de l'avenir à cejourd'hui , Nous avons la faifie ;
faite à la Requête des Parties de Duret fur celles de Letourneau défaillant , déclarée bonne & valable ; ce faifant, difons que les marchandifes de Gants faifies feront & demeureront confifquées au profit
defdites Parties de Duret : Faifons défenfes à ladite Partie de Letourneau de récidiver, fous plus grande peine ; & pour la contravention
la condamnons en vingt livres de dommages-intérêts envers les Parties de Duret, en 10 liv. d'amende, & aux dépens, ce qui fera exécuté nonobftant & fans préjudice de l'appel , & foit fignifié. En
témoin de ce , nous avons fait fceller ces préfentes. Ce fut fait & donné
par Meffire René Herault , Chevalier , Seigneur de Fontaine-l'Abbé,
Confeiller du Roy en fes Confeils d'Etat & Privé , Lieutenant Général
de Police de la Ville , Prevôté & Vicomté de Paris, tenant le Siége
le Vendredy 8 Avril 1729.

Collationné. *Signé*, C U Y R E T. Et fcellé. *Signé*, DOYARD.

A TOUS ceux qui ces préfentes Lettres verront : Gabriel Jerôme
de Bullion , Chevalier , Comte d'Efclimont , Meftre de Camp
du Régiment de Provence Infanterie , Confeiller du Roy en fes
Confeils, Prevôt de la Ville , Prevôté & Vicomté de Paris ; Salut.
Sçavoir faifons , que fur la Requête faite en Jugement devant Nous
à l'Audience de la Chambre de Police du Châtelet de Paris , par
Maître Armand Regnard le jeune, Procureur des Maîtres & Gardes
en Charge de la Communauté des Maîtres Gantiers - Parfumeurs à
Paris, Demandeurs en exécution de la Sentence du 8 Avril dernier,
Défendeurs à la Requête verbale d'oppofition à icelle fignifiée le 2
Mai fuivant, & encore Défendeurs aux défenfes & moyens de nullité
fignifiées le 5 dudit mois de Mai, Demandeurs fuivant les réponfes
fignifiées à iceux le 5 , affiftés de Maître Duret leur Avocat, contre
Maître Létourneau , Procureur de Paul Prevôt , Marchand Bourfier à Paris , Défendeur & oppofant fuivant la Requête verbale
fufdatée, affifté de Maître Delorme fon Avocat. Parties ouïes , lecture faite des Piéces, fans que les qualités puiffent nuire ni préjudicier , Nous avons la Partie de Delorme déboutée de fon oppofition ;
ordonnons que notre précédente Sentence fera exécutée felon fa
forme & teneur , avec dépens. En témoin de ce , Nous avons fait
fceller ces préfentes , qui furent faites & données par Meffire René

Herault, Chevalier, Seigneur de Fontaine-l'Abbé &' autres lieux ;
Conseiller du Roy en ses Conseils d'Etat & Honoraire en son Grand-
Conseil, Lieutenant Général de Police de la Ville, Prevôté &
Vicomté de Paris, tenant le Siége le Vendredy 22 Juillet 1729.

Collationné. *Signé*, TARDIVEAU. Et scellé. *Signé*, DOYARD.

ARREST

DU CONSEIL D'ETAT DU ROY

EN faveur de la Communauté des Maîtres & Marchands
Gantiers-Poudriers-Parfumeurs de la Ville, Fauxbourgs
& Banlieue de Paris ; qui ordonne l'exécution d'un
Arrêt rendu au Parlement de Paris le dix-neuf May
1747. confirmatif des Sentences rendues au Châtelet
de Paris le 21 Avril précedent.

EXTRAIT DE REGISTRES DU CONSEIL D'ETAT.

SUR la Requête présentée au Roy en son Conseil par JEAN-
BAPTISTE LALANDE, & JACQUES TAPIE,
Marchands Forains, contenant que la persécution qu'ils essuient de
la part des Jurés de la Communauté des Maîtres Gantiers-Parfumeurs
de la Ville & Fauxbourgs de Paris, les oblige de recourir à l'autorité
& à la justice de Sa Majesté, à l'occasion d'un Arrêt du Parlement
de Paris, qui renferme en soi des dispositions en même tems les plus
contraires aux Ordonnances, Arrêts & Réglemens, & d'ailleurs les
plus injustes au fond : Par cet Arrêt qui est du 19 Mai dernier, le
Parlement, sans s'arrêter à l'appel des Supplians ni à leur Requête
& Demande, dont il les a deboutés ; & faisant droit sur celle de Jurés
Parfumeurs, les a maintenus & gardés dans le droit & possession de
fabriquer, vendre & débiter seuls toutes sortes de Poudres compo-

fées d'amydon & de féves, parfumées & non parfumées, & généralement toutes fortes de poudres, fervant à poudrer ou à la propreté du corps. A fait défenfes aux Supplians & à tous autres de plus à l'avenir fabriquer, vendre ni debiter aucune poudre de quelque efpéce qu'elle foit, ni aucune autre marchandife du Commerce des Maîtres Parfumeurs, fous telles peines qu'il appartiendra ; & a condamné les Supplians en l'amende & en tous les dépens des caufes d'appel & demandes. AVANT d'expofer à Sa Majefté les moyens folides que les Supplians ont à employer contre cet Arrêt, ils obferveront fommairement dans le fait, que les Jurés de la Communauté des Maîtres Parfumeurs de la Ville de Paris s'éta nt ingérés de faifir fur les Supplians quatre cent trente-cinq livres de poudre d'amydon non parfumée ; fçavoir, trente-cinq livres fur Jean-Baptifte Lalande, & quatre cent livres fur Jacques Tapie, ont fait affigner le 9 Mars dernier les Supplians en la Chambre du Procureur de Sa Majefté au Châtelet de Paris, pour voir déclarer lefdites faifies bonnes & valables, & ordonner la confifcation des Effets faifis au profit de leur Communauté, avec amende & dépens ; quoique les Supplians euffent d'excellents moyens à propofer contre ces faifies & affignations : néanmoins avant qu'on leur eût donné le tems de fournir des défenfes, & fans avoir été coutumacés par aucun Jugement, les Jurés Parfumeurs ont obtenu précipitamment deux Avis du Procureur de Sa Majefté, qui conformément à leurs Conclufions ont prononcé la validité des faifies en queftion, ordonné l'exécution des Statuts, Sentences & Réglemens de la Communauté des Maîtres Gantiers-Parfumeurs, & notamment d'une Déclaration de Sa Majefté du 12 Décembre 1705. en conféquence que les Effets faifis demeureroient confifqués au profit de ladite Communauté, avec défenfes aux Supplians de récidiver, & condamnation aux dépens. Lefdits Supplians, par des défenfes qu'ils ont fournies en la Chambre de Police, ont foûtenus qu'ils n'étoient point en fraude ; parce que non-feulement ils ne manufacturoient point la poudre qu'on leur avoit faifie ; mais que cette forte de marchandife fe trouvant fans aucune odeur, n'étoit point fpécialement affectée au Commerce des Gantiers-Parfumeurs, à l'exclufion de tous autres ; & par conféquent les Supplians qui étoient marchands Forains, pouvoient vendre de la poudre fans odeur : qu'on ne voyoit point que les Statuts & Réglemens des Gantiers-Parfumeurs leur donnaffent la faculté de vendre de l'amydon en poudre fans odeur, ni même toutes autres fortes de poudres à poudrer, pourvû qu'elles fuffent fans parfum, telles qu'étoient les poudres faifies fur les Supplians. Par ces raifons ils ont demandé la nullité defdites faifies , avec dépens , dommages & interêts. Quelques fenfibles que fuffent ces moyens , cependant par deux Sentences rendues en la Chambre de Police du Châtelet de Paris le même jour 21 Avril dernier , les Avis du Procureur de Sa Majefté dont on vient de parler , ont été confirmés avec dépens. Les Supplians ayant interjetté appel au Parlement defdites Sentences , & ayant par la Requête qu'ils y ont préfentée le 15 May dernier , propofé leurs griefs & demande que lefdites Sentences fuffent infir- mées , que fans s'arrêter aux Avis du Procureur de Sa Majefté & confirmés par lefdites Sentences , les faifies faites fur les Supplians à la Requête des Jurés Gantiers-Parfumeurs fuffent déclarées nulles , tortionnaires & déraifonnables ; & qu'il fût ordonné que les mar- chandifes faifies leurs feroient rendues & reftituées , avec dépens , dommages & interêts ; ils efperoient que l'infirmation de ces Sen- tences ne fouffriroient aucune difficulté. Mais ils ont été entiérement furpris , quand ils en ont vû prononcer la confirmation par l'Arrêt dont les difpofitions ont été rapportées au commencement de la préfente Requête ; lefdits Supplians vont donc établir en peu de mots ce qu'ils ont à propofer contre cet Arrêt. Quelle eft la nature de la poudre que les Jurés Gantiers-Parfumeurs ont faifie fur les Sup- pliants. C'eft de la poudre compofée d'amydon fans aucune odeur ni parfum. Or que l'on examine attentivement les Statuts & Ré- glemens concernant la Communauté des Parfumeurs : on n'y trou- vera pas que cette forte de marchandife foit par privilege & préfe- rence affectée à leur Commerce , à l'exclufion de tous autres ; on n'y verra pas même qu'ils ayent le droit de fabriquer & vendre de cette poudre d'amidon fans odeur , ni encore moins qu'ils ayent la faculté d'en empêcher la vente par d'autres que par les Maîtres de leur Communauté , & notamment par des Marchands Forains tels que les Supplians , qui en ont toujours fait le débit fans aucun obftacle : par confequent l'Arrêt du Parlement qui vient d'être rendu au préjudice des Supplians , en maintenant la Communauté des Parfumeurs dans le droit & poffeffion de fabriquer , vendre & débiter feuls la poudre compofée d'amydon & de féves, non parfu- mée , avec défenfes aux Supplians de vendre ni débiter aucune poudre , de quelque efpéce qu'elle foit , a donc formellement con- trevenu aux difpofitions des Statuts & Réglemens de la Communauté des Maîtres Parfumeurs , & à la Déclaration de Sa Majefté du 12 Décembre 1705. lefquels ne leur attribuent aucunement le droit de fabriquer , vendre & débiter de la poudre d'amydon fans odeur ; leur qualité diftincte étant celle de Parfumeurs , ils ne peuvent tout au p'us prétendre que le débit de la poudre parfumée. L'Arrêt dont les Suppliants se plaignent avec justice en accordant à cette Communauté un droit qu'elle n'a pas, & qu'elle ne sçauroit jamais prétendre, enleve en même tems aux Suppliants celui dont ils ont toujours joui paisiblement, & dans la possession duquel ils supplient très-humblement Sa Majesté de les conserver. A CES CAUSES, requeroient les Suppliants qu'il plut à Sa Majesté, sans s'arrêter à l'Arrêt du Parlement de Paris rendu contr'eux le 19 May dernier, en faveur des Jurés de la Communauté des Maîtres Gantiers-Parfumeurs de la Ville & Fauxbourgs de Paris, lequel sera déclaré comme non avenu, maintenir & garder les Suppliants dans le droit & possession de vendre & débiter toutes sortes de poudres sans odeur, & composées d'amydon &de féves, non parfumées, avec défenses aux Jurés de ladite Communauté d'y troubler les Suppliants, ni de fabriquer, vendre & débiter lesdites sortes de poudres ; en conséquence déclarer nulles, tortionnaires, & déraisonnables les saisies desdites poudres faites sur les Suppliants à la Requête desdits Jurés par Procès-verbaux des 3 Octobre 1746. & 9 Mars 1747. ordonner que lesdites marchandises seront rendues & restituées aux Suppliants par lesdits Jurés, à ce faire lesdits Jurés contraints par toutes voies dûes & raisonnables, même par corps ; quoi faisant, ils en demeureront bien & valablement quittes & déchargés : les condamner en outre en 300 livres de dommages & interêts résultans de leur indue véxation, ou en telle autre somme qu'il plaira à Sa Majesté arbitrer, & aux dépens des Suppliants. VUE ladite Requête, ensemble la signification de l'Arrêt du Parlement de Paris du 19 May dernier : OUY LE RAPPORT du sieur de Machaux, Conseiller ordinaire au Conseil Royal, Contrôlleur Général des Finances :.

LE ROY EN SON CONSEIL a débouté & déboute lesdits Jean-Baptiste Lalande & Jacques Tapie des fins & Conclusions prises par leur Requête : en consequence a ordonné & ordonne que l'Arrêt du Parlement de Paris du 19. May 1747. sera executé selon sa forme & teneur : condamne lesdits Lalande & Tapie au coût & levée du présent Arrêt. FAIT au Conseil d'Etat du Roy, tenu à Versailles le 6 Février 1748. Signé, DEVOIGNY. Collationné.

LOUIS PAR LA GRACE DE DIEU, ROY DE FRANCE ET DE NAVARRE, Au premier des Huissiers de notre Cour de Parlement, ou autre Huissier ou Sergent.

ſûr ce requis , Sçavoir faiſons , qu'entre JEAN-BAPTISTE
LALANDE & JACQUES TAPIE , Marchands Forains &
Colporteurs à Paris , Appellans de deux Sentences de la Chambre
de Police du Châtelet de Paris du même jour 21 Avril dernier ,
& Demandeurs en Requête du 15 préſent mois de May , à ce que
l'appellation & ce dont eſt appel , fuſſent mis au neant ; émendant,
que les ſaiſies ſur eux faites par Procès-verbaux des 3 Octobre
1746. & 9 Mars 1747. fuſſent déclarées nulles , tortionnaires &
déraiſonnables ; que les Marchandiſes y énoncées fuſſent rendues &
reſtituées à eux ; à ce faire les Intimés ci-après nommés contraints
par toutes voies dues & raiſonnables , même par corps , & condamnés en outre à 300 livres de dommages & interêts , ou telle autre
ſomme qu'il plairoit à notredite Cour arbitrer , & en tous les dépens
des Cauſes principales d'Appel & Demandes , & Défendeurs d'une
part , & les Jurés Maîtres & Gardes de la Communauté des Maîtres
& Marchands Gantiers-Poudriers-Parfumeurs de la Ville & Fauxbourgs de Paris , pourſuite & diligence de Louis-René Delaporte ,
Marie-Benigne Bocquillon l'un deſdits Jurés , Maîtres & Gardes
Intimés , & Demandeurs en Requête du 16 dudit préſent mois de
May , à ce que ſans s'arrêter à la Requête ci-deſſus des Appellans ,
ni à la demande y portée dans laquelle ils ſeroient déclarés non-
recevables , ou dont en tout cas ils fuſſent déboutés , il fuſſent déclarés non-recevables dans leur Appel , qu'en tout cas l'appellation
fût miſe au neant , il fût ordonné que ce dont étoit Appel , ſortiroit
ſon plein & entier effet , en conſéquence leſdits Intimés fuſſent
maintenus & gardés dans le droit & poſſeſſion qu'ils ont de vendre
& fabriquer ſeuls toutes ſortes de Poudre à poudrer , compoſées
d'amydon & de féves , parfumées & non parfumées , & généralement toutes ſortes de Poudres ſervant à la propreté du Corps , avec
défenſe aux Appellans & à tous autres de plus à l'avenir fabriquer ,
vendre , ni débiter , ni colporter aucune Poudre de quelque eſpece
que ce ſoit , ni aucune autre Marchandiſe du Commerce des Intimés ,
ſous telles peines qu'il appartiendra ; & pour l'avoir fait , condamner
les Appellans chacun à leur égard envers les Intimés en 150 livres de
dommages & interêts , où en telle autre ſomme qu'il plairoit à notredite Cour arbitrer , & aux dépens des Cauſes d'Appel & Demandes ,
d'autre part ; après que Badin Avocat des Jurés , Maîtres & Gardes
de la Communauté des Gantiers-Poudriers-Parfumeurs a demandé
avantage , Notredite Cour a donné congé défaut , & pour le profit
déclare les défaillans déchus de leur Appel ; en conſéquence , ſans
s'arrêter à leur Requête & Demande dont ils ſont déboutés , &

H

faifant droit fur la Demande des Parties de Badin, maintient &
garde lefdites Parties de Badin dans leurs droits & poffeffion de
fabriquer, vendre & débiter feuls toutes fortes de Poudres compofées d'amydon & de féves, parfumées & non parfumées, &
généralement toutes fortes de Poudres fervant à poudrer ou à la
propreté du Corps ; fait défenfes aux défaillans & à tous autres de
plus à l'avenir fabriquer, vendre & débiter aucune Poudre de quelque efpece qu'elle foit, ni aucune autre Marchandifes du Commerce des Parties de Badin, fous telles peines qu'il appartiendra ;
condamne les défaillans en l'amende & en tous les dépens des
Caufes d'Appel & Demande. Si mandons au premier des Huiffiers
de notre Cour de Parlement, ou autre Huiffier ou Sergent fur ce
requis, mettre le préfent Arrêt à exécution felon fa forme & teneur,
de ce faire leur donnons plein & entier pouvoir. F A I T en Parlement le 19 May 1747. & de notre Regne le 32.

    Collationné. Signé, A U B E R T I N. Par la Chambre,
Signé, D U F R A N C.

    Signifié à Maître J U B I N E A U le deux Juin 1747.

    Reçu une livre feize fols pour le Controlle du Coût, Piéces,
Signification du préfent Arrêt à Paris le 26 Avril 748.
Signé, D U V E R N O N.

---

*L E 14 de May 1748. à la Requête defdits Jurés Maîtres & Gardes
de la Communauté des Maiftres & Marchands Gantiers-Poudriers-
Parfumeurs de la Ville, Fauxbourgs & Banlieue de Paris, qui ont
élû leur domicile en leur Bureau fife rue de la Pelleterie, Paroiffe faint
Jacques de la Boucherie, fignifié & laiffé Copie du préfent Arrêt aux
fins y contenues au fieur Jean-Baptifte Lalande, Marchand Forain &
Colporteur à Paris, en fon domicile grande rue du Fauxbourg faint
Antoine, parlant à fa perfonne.
Et au fieur Jacques Tapie Marchand Forain & Colporteur, demeurant
à Saint-Germain en Laye, de préfent à Paris, trouvé rue du Plâtre
faint Jacques, en la maifon de Maiftre Boire Procureur au Châtelet,
parlant audit Tapie, lefquels fieurs la Lalande & Tapie ont fait réponfe,
que pour éviter les frais de Commandement ils offroient de payer la*

somme de dix-sept livres huit sols pour le Cout du présent Arrêt , en quoy ils sont condamnés par icelui à une livre seize sols pour le Controlle & Coût dudit Arrêt , & ont signé avec Nous Huissier ordinaire du Roy , en ses Conseils , Signé, *Lepage avec paraphe.*

Cet Arrêt a été obtenu à la poursuite & diligence des sieurs LOUIS-RENE' DE LA PORTE, MARIE BENIGNE BOCQUILLON , Jurés Maîtres & Gardes en 1746. & par JEAN-BAPTISTE CHARON, CHRISTOPHE-NICOLAS VILLOU, Jurés Maîtres & Gardes de present en Charge , du Syndicat de LOUIS-ANTOINE DE LA PORTE, de la Jurande de LOUIS AUBINEAU & de JEAN TRUFFOT.

LETTRE

Envoyée aux Jurés Maîtres & Gardes de la Communauté des Maîtres & Marchands Gantiers-Poudriers-Parfumeurs de Paris , du 15 Septembre 1747.

JE suis chargé, Messieurs, de faire une collection complette des Statuts & Réglemens concernant les Corps des Marchands & les Communautés d'Arts & Métiers de la Ville de Paris , pour être déposée à la Bibliotheque du Roy. Je vous prie en consequence de vouloir bien m'envoyer un Exemplaire de vos Statuts , & d'y joindre des Copies imprimées des Arrêts , Sentences & Réglemens qui peuvent être intervenus depuis leur rédaction , & qui y ont rapport. Si vous pouvez me fournir vos Statuts sans être reliés , vous me ferez plaisir ; parce qu'on me les a demandés en blanc, autant que faire se pourra. Je suis persuadé que vous contribuerez avec plaisir à rendre cette collection complette , dès qu'il s'agit de la placer dans la Bibliotheque de Sa Majesté.

Je suis très-parfaitement, Messieurs, votre très-humble & très-obéissant Serviteur, *signé*, HUGUENIN, DUMITAN, avec paraphe.

A TOUS ceux qui ces préſentes Lettres verront : Gabriel-Jerôme de Bullion, Chevalier, Comte d'Eſclimont, Meſtre de Camp du Regiment de Provence Infanterie, Conſeiller du Roy en ſes Conſeils, Prevôt de la Ville, Prevôté & Vicomté de Paris ; Salut. Sçavoir faiſons, que ſur la Requête faite en Jugement devant Nous à l'Audience de la Chambre de Police du Châtelet de Paris, par Mᵉ Armand Regnard le jeune, Procureur des Maîtres & Gardes en Charge de la Communauté des Maîtres Gantiers-Parfumeurs à Paris, Demandeurs en exécution de la Sentence du 8 Avril dernier, Défendeurs à la Requête verbale d'oppoſition à icelle ſignifiée le 2 May ſuivant, & encore Défendeurs aux défenſes & moyens de nullité ſignifiée le 5 dudit mois de May, Demandeur ſuivant les réponſes ſignifiées à iceux le 5, aſſiſtés de Mᵉ Duret leur Avocat, contre Mᵉ l'Etourneau, Procureur de Paul Prevôt, Marchand Bourſier à Paris, Défendeur & Oppoſant, ſuivant la Requête verbale ſuſdatée, aſſiſté de Mᵉ Delorme ſon Avocat. Parties ouies, lecture faite des Pieces, ſans que les qualités puiſſent nuire ni préjudicier, Nous avons la Partie de Delorme déboutée de ſon oppoſition ; ordonnons que notre précédente Sentence ſera exécutée ſelon ſa forme & teneur, avec dépens : En témoin de ce Nous avons fait ſceller ces préſentes, qui furent faites & données par Meſſire René Herault, Chevalier, Seigneur de Fontaine-l'Abbé & autres Lieux, Conſeiller du Roy en ſes Conſeils d'Etat & Honoraire en ſon Grand-Conſeil, Lieutenant Général de Police de la Ville, Prevôté & Vicomté de Paris, tenant le Siége, le Vendredy 22 Juillet 1729. Collationné. *Signé*, TARDIVEAU. Et ſcellé.

Signé, DOYARD.

ARREST DE LA COUR DU PARLEMENT.

En faveur des Maîtres, Gardes, Syndics & Anciens de la Communauté des Marchands Gantiers-Parfumeurs de Paris, qui en homologuant une Déliberation faite par leſdits Gardes & Anciens, caſſe & annulle une autre Délibération faite par Corneille Bouilié Ancien & un grand nombre de Modernes & Jeunes Maîtres de ladite Communauté, qui deſtitue Jean-Baptiſte Bertrand de ſes fonctions de Clerc, & condamne leſdits Boüillé & Bertrand à l'Amende & en tous les dépens.

LOUIS, PAR LA GRACE DE DIEU, ROY DE FRANCE ET DE NAVARRE : Au premier des Huiſſiers de notre Cour de Parlement, ou autre Huiſſier ou Sergent, ſur ce requis : Sçavoir, faiſons ; Qu'entre Corneille Boüillé & Jean-Baptiſte Bertrand, Appellans de Sentences de la Chambre de Police du Châtelet de Paris, des 7 Février, & 7 Mars 1738, ſuivant les Arrêts & Exploits faits en conſéquence, les 28 & 29 Mars 1738, & encore Deman-

deurs aux fins de la Requête énoncée en l'Arrêt du 17 Avril suivant , tendante à ce que Commission fut délivrée pour faire affigner le nommé Girou ,
fe difant être des Intimés ci-après nommés , pour voir déclarer commun avec
lui l'Arrêt qui interviendra fur l'Appel dont il s'agit , & par provifion que
l'Arrêt qui a reçû leur Appel fut executé , & que défenfes fuffent faites audit
Girou , de prendre la qualité de Clerc de la Communauté des Maîtres Gantiers-Parfumeurs de Paris, & de recevoir les Droits attribués à ladite Place ,
jufqu'à ce qu'autrement par notredite Cour il en fut ordonné , à peine de
défobéiffance , & d'être contraint à la reftitution des Droits perçûs d'une part :
& les Jurés & Gardes de la Communauté des Maîtres Gantiers de Paris , tant
pour eux, que comme prenant le fait & caufe de François Girou , actuelle-
ment leur Clerc de la Communauté, Intimé & Défendeur d'autre part. Et
entre lefdits Jurés & Gardes des Gantiers , Demandeurs en Requête du 18 Avril
1738 , énoncée en l'Arrêt du 20 Juin fuivant, qui joint leurdite Demande
à l'Appel , à ce qu'ils fuffent reçûs oppofans aux Arrêts ci-deffus dattés fur
Requêtes non communiquées , faifant droit fur l'oppofition , les défenfes y
portées fuffent levées avec dépens, d'une part. Et lefdits Boüillé & Bertrand
Défendeurs d'autre part. Et entre lefdits Jurés & Gardes des Gantiers , Demandeurs en Requête du premier Juillet 1738 , tendante à ce qu'en venant
par les Parties plaider , tant fur les Appels dont il s'agit, que fur leur Demande du 18 Avril audit an , jointe à la caufe d'Appel , par l'Arrêt du 20
Juin 1738 ; enfemble fur la Demande formée contre Girou par Bertrand ,
il fut ordonné que les Parties viendront pareillement plaider fur ladite Requête ;
ce faifant , il fut donné Acte aufd. Jurés des Gantiers , comme ayant pris le
fait & caufe dudit Girou leur Clerc , de l'employ qu'ils faifoient du contenu
en leurdite Requête , pour fins de non-recevoir , & défenfes contre la Demande
du 17 Avril 1738 ; en conféquence faifant droit fur le tout , fans s'arrêter aux
Demandes defd. Boüillé & Bertrand , & mettre les Appellations au néant , il
fut ordonné que les Sentences dont eft appel fortiroient leur plein & entier effet ;
& lefd. Bertrand & Boüillé condamnés folidairement en l'amende & en tous
les dépens de la caufe d'appel & demande , même en ceux refervés par l'Arrêt
du 20 Juin 1738 ; enfemble aux frais , mifes d'execution , & aux dépens de la
prife de fait & caufe dudit Girou , d'une part. Et lefd. Boüillé & Bertrand
Défendeurs d'autre : Entre Patrice-François Vaudichon , de préfent Maître &
Garde en Charge de la Communauté des Gantiers de Paris , Demandeur en
Requête du 30 Août 1738 , à ce qu'en fadite qualité de Maître & Garde
defd. Gantiers de Paris, il fut reçu Partie intervenante dans les conteftations
en caufe d'appel pendantes en notredite Cour , entre les Jurés & Gardes de
ladite Communauté , & lefd. Boüillé & Bertrand : Acte lui fut donné de l'employ du contenu en fa Requête, pour moyens d'intervention & y faifant droit :
Acte pareillement lui fut donné de ce qu'il adhéroit aux Conclufions prifes par
lefd. Jurés & Gardes des Gantiers contre Boüillé & Bertrand ; en conféquence
leurs Conclufions fuffent adjugées , & lefd. Bertrand & Boüillé condamnés
aux dépens de l'intervention & demande d'une part , & lefd. Boüillé & Bertrand
Deffendeurs d'autre ; & entre lefd. Jurés & Gardes de ladite Communauté des
Gantiers de Paris , Demandeurs en autre Requête du 30 Août 1738 , à ce
qu'en plaidant fur les Appellations, Intervention & Demande dont il s'agit ,

& adjugeant leurs conclufions , lefd. Bertrand & Boüillé fuffent condamnés folidairement aux frais & mifes d'execution , faits en vertu de l'Arrêt du 20 Juin 1738 , aux dépens refervés du 22 Juillet fuivant, aux frais & mifes d'execution fait en vertu dudit Arrêt , & en ceux de toutes les Demandes d'une part , & lefd. Boüillé & Bertrand , Défendeurs d'autre ; Et entre lefd. Jurés & Gardes de la Communauté des Gantiers de Paris , Demandeurs en Requête du 13 Avril 1739 , afin de renvoi des parties au Parquet de nos Gens, pour en paffer par leur Avis , attendu qu'il ne s'agit que d'un fait de Police ; & en cas de conteftation , les Conteftans condamnés aux dépens d'une part , & lefd. Boüillé & Bertrand , Défendeurs d'autre ; & entre lefd. Bouillé & Bertrand , Demandeurs en Requête du 20 Juin 1739 , afin d'oppofition à l'Arrêt du 20 Avril précédent , faifant droit fur icelle , la procédure fut déclarée nulle avec dépens , d'une part , & lefd. Jurés & Gardes des Gantiers , Défendeurs d'autre ; & entre lefd. Jurés & Gardes des Gantiers de Paris , Demandeurs en Requête du 30 Juin ; à ce que fans avoir égard à la demande defd. Bouillé & Bertrand , du 30 Juin 1739 , dont ils feront déboutés & mettant l'Appellation au néant , il fut ordonné que les Sentences dont eft appel fortiroient leur plein & entier effet ; & lefd. Bertrand & Bouillé , pour leur téméraire entreprife , condamnés folidairement en tous les dépens , & en l'amende des caufes principales d'apel & demande , même en ceux refervés par les Arrêts de notredite Cour , des 20 Juin & 22 Juillet 1738 , d'une part ; & lefd. Bouillé & Bertrand , Défendeurs d'autre part. Après que Etienne , Avocat des Jurés & Gardes des Gantiers de Paris , a demandé la reception de l'appointement avifé contradictoirement au Parquet avec Clement Avocat de Bouillé & Bertrand , paraphé de Dagueffeau pour notre Procureur Général , & fignifié à Duriou , Procureur. Notredite Cour ordonne, que l'appointement fera reçû , & fuivant icelui faifant droit fur le tout , reçoit les Parties d'Etienne, oppofantes aux Arrêts des 28 & 17 Avril 1738 ; reçoit pareillement Patrice-François Vaudichon , en fadite qualité de Maître & Garde des Gantiers. Autre Partie d'Etienne , Partie intervenante au principal , fans avoir égard aux Demandes des Appellans dont ils font déboutés , ayant aucunement égard aux demandes des Parties d'Etienne , a mis & met l'appellation au néant , ordonne que les Sentences dont eft appel , fortiront leur plein & entier effet ; condamne les Appellans en l'amende & en tous les dépens des caufes d'apel & demandes , même en ceux refervés par les Arrêts des 20 Juin & 22 Juillet 1738 , & aux frais & mifes d'execution faits en vertu d'iceux. Si Mandons mettre le préfent Arrêt à exécution. Donné en Parlement le vingt-huit Août l'an de grace mil fept cent trente-neuf , & de Notre Régne le vingt-quatriéme.

Collationné, *Signé* **LANGELE'.**

Par la Chambre , *Signé* **DUFRANC.**

Le préfent Arrêt a été obtenu à la pourfuite & diligence des Sieurs Jean-Louis Picard , Germain Boutry , Patrice-François Vaudichon , Jean Dubois, Guillaume-Nicolas Coiffier , & Michel Roges , tous Maîtres & Gardes de ladite Communauté, en l'année 1739.

Les préſens Statuts & Réglemens de ladite Communauté ont été réimprimés par les ſoins du ſieur MORISET, Syndic en Charge, & des Sieurs LE VAUCHER, GAILLARD & LE ROY, Gardes en Charge de ladite Communauté, ſuivant l'ordre qu'ils en ont reçu des Magiſtrats.

De l'Imp. de la V. DELORMEL, ruë du Foin, vis-à-vis les Mathurins, 1743.